FAMOSOS CRÍMENES PASIONALES

Casos Sonados de la Historia Realizados entre Parejas con Vínculos Amorosos

EMMETT ELAND

© Copyright 2023 – Emmett Eland- Todos los derechos reservados.

Este documento está orientado a proporcionar información exacta y confiable con respecto al tema tratado. La publicación se vende con la idea de que el editor no tiene la obligación de prestar servicios oficialmente autorizados o de otro modo calificados. Si es necesario un consejo legal o profesional, se debe consultar con un individuo practicado en la profesión.

- Tomado de una Declaración de Principios que fue aceptada y aprobada por unanimidad por un Comité del Colegio de Abogados de Estados Unidos y un Comité de Editores y Asociaciones.

De ninguna manera es legal reproducir, duplicar o transmitir cualquier parte de este documento en forma electrónica o impresa. La grabación de esta publicación está estrictamente prohibida y no se permite el almacenamiento de este documento a menos que cuente con el permiso por escrito del editor. Todos los derechos reservados.

La información provista en este documento es considerada veraz y coherente, en el sentido de que cualquier responsabilidad, en términos de falta de atención o de otro tipo, por el uso o abuso de cualquier política, proceso o dirección contenida en el mismo, es responsabilidad absoluta y exclusiva del lector receptor. Bajo ninguna circunstancia se responsabilizará legalmente al editor por cualquier reparación, daño o pérdida monetaria como consecuencia de la información contenida en este documento, ya sea directa o indirectamente.

Los autores respectivos poseen todos los derechos de autor que no pertenecen al editor.

La información contenida en este documento se ofrece únicamente con fines informativos, y es universal como tal. La presentación de la información se realiza sin contrato y sin ningún tipo de garantía endosada.

El uso de marcas comerciales en este documento carece de consentimiento, y la publicación de la marca comercial no tiene ni el permiso ni el respaldo del propietario de la misma. Todas las marcas comerciales dentro de este libro se usan solo para fines de aclaración y pertenecen a sus propietarios, quienes no están relacionados con este documento.

Índice

Introducción   vii

1. El infierno no tiene tanta furia   1
2. El macho enloquecido   63
3. Caos misceláneo   119
4. Planes cuidadosamente establecidos   129

Conclusión   161

Introducción

El amor, los celos, la venganza y la desesperación son temas que todo el mundo puede entender. Puede ser difícil comprender la psicología del asesino en masa o del asesino sexual. Pero no hace falta ser un monstruo para simpatizar con la amante herida en la saga del bar de Frankie y Johnny:

Le disparó a su hombre porque le estaba haciendo mal.

Este es un libro de historias de amor en las que alguien se siente agraviado, y alguien paga el precio. A menudo, el drama que se desarrolla involucra a tres personas, figuras atrapadas en el eterno triángulo que ha hecho naufragar amores y vidas desde la noche de los tiempos. En Francia y en algunos otros países latinos, se reserva una indulgencia especial para los acusados del crimen pasional. En términos generales, el término abarca cualquier crimen debido a los celos o la desesperación de los amantes. Si un marido indignado, por ejemplo, dispara al amante de su mujer, puede conseguir una absolución total.

Se considera que el agresor defiende la santidad de su matrimonio, y la ley está dispuesta a ser flexible.

En los tribunales anglosajones no funciona ningún sistema de este tipo. El término "crimen pasional" se utiliza popularmente para describir cualquier tipo de delito originado en los frenesíes y frustraciones del amor. Los celos, por supuesto, siguen siendo el tema recurrente tanto en la vida real como en el folclore y la literatura. El "monstruo de ojos verdes" se esconde tras la majestuosidad del Otelo de Shakespeare, al igual que tras los acordes honky-tonk de Frankie y Johnny.

En las páginas que siguen se describen una gran cantidad de casos: altos romances, misterios e historias de terror, así como algunos episodios puramente ridículos. Lo que une a todos los crímenes es su naturaleza apasionada. Incluso los más fríamente realizados fueron concebidos en la agitación de la sangre caliente.

1

El infierno no tiene tanta furia

AL DRAMATURGO WILLIAM CONGREVE se le atribuyen las palabras "El infierno no tiene más furia que una mujer despreciada". En realidad, lo que el dramaturgo escribió fue: "El cielo no tiene furia como el amor convertido en odio, ni el infierno una furia como la de una mujer despreciada".

De cualquier manera, la verdad es la misma. Y cuando una mujer orgullosa es rechazada por el marido o el amante, el estatus social cuenta poco. Pauline Dubuisson era una estudiante de medicina; Ruth Ellis la gerente de un club nocturno; Yvonne Chevalier la esposa de un ministro del gobierno. Todas sucumbieron a la misma pasión por destruir al hombre que habían amado.

· · ·

"¡Lo mataré!

Cuando Kittie Byron, de 23 años, apuñaló a su amante hasta la muerte en los escalones de una oficina de correos de Londres, la acusación debía ser realmente de asesinato. Y el asesinato en 1902 era un delito de horca. No importaba que Arthur Reginald Baker se hubiera comportado como un bruto con ella; no importaba que, cuando el torrente de su furia se agotó, ella se derrumbara sollozando sobre su cuerpo arrugado, llamando lastimosamente: "Reggie... Querido Reggie... Déjame besar a mi Reggie...'

El crimen se cometió a plena luz del día ante una docena de testigos. Lo había apuñalado dos veces: una en la espalda y otra en el pecho. El segundo golpe fue probablemente el que lo mató. Murió casi instantáneamente. Sin embargo, todo el mundo se solidarizó con la frágil chica de pelo oscuro que había empuñado el cuchillo. El jurado de instrucción, por ejemplo, emitió un veredicto de homicidio involuntario.

Los funcionarios se mostraron incrédulos, y el propio juez de instrucción preguntó: "¿Quiere decir homicidio ilegítimo sin dolo?"

. . .

'Sí', insistió el capataz, 'matando por el impulso del momento. No creemos que haya ido allí con la intención de matarlo'.

De hecho, todas las pruebas sugieren que Kittie Byron fue allí precisamente con esa intención. Y cuando fue llevada a juicio al mes siguiente, fue por un cargo de asesinato.

Durante algunos meses antes del fatal episodio, Kittie Byron había estado viviendo con Arthur Reginald Baker en habitaciones del número 18 de Duke Street, junto a Oxford Street, en el West End. Baker era un hombre casado y miembro de la Bolsa. Pero eso no le impedía presentarse a sí mismo y a su amante ante la casera como "señor y señora Baker".

Bebía mucho, a menudo golpeaba a Kittie y, en una ocasión, casi la estranguló. Pero Kittie era leal. Nunca tocó el alcohol y trató de proteger a su amante de las consecuencias de sus actos.

. . .

La noche del viernes 7 de noviembre de 1902, los acontecimientos llegaron a su punto álgido cuando la dueña de la casa oyó que se producía una furiosa pelea en el dormitorio. Subió y entró; la ropa de cama había sido arrojada por todas partes y yacía en el suelo en forma de caos; en una esquina había un bate que había sido destrozado. La casera se enfrentó al borracho Baker, pero Kittie intercedió.

No pasa nada", dijo, "hemos estado jugando a la sombrerera".

Poco después de que la dueña de casa saliera de la habitación, volvió a estallar la pelea. Continuó durante toda la noche, y un par de horas más tarde la dueña de casa volvió a intentar detenerla. Encontró a Kittie en el pasillo, temblando en su camisón. Estaba claramente aterrorizada, pero seguía insistiendo en que no pasaba nada.

A la mañana siguiente, la dueña de la casa dio aviso a la pareja para que abandonara el local.

. . .

Siguió un fin de semana de calma, y el lunes por la mañana Baker incluso le llevó a Kittie una taza de té antes de irse a la oficina. Le dio un beso de despedida -una escena doméstica-, nada hacía presagiar el drama que se avecinaba. La fecha era el 10 de noviembre de 1902, el día del apuñalamiento fatal.

Justo antes de salir de la casa, Baker pidió a la propietaria que hablara en privado. Le pidió que les permitiera quedarse en la casa después de todo. Sin embargo, la propietaria insistió en que debían marcharse. Fue entonces cuando Baker le informó de que Kittie no era su esposa. La chica era la causa del problema, dijo. No tenía clase y se iría mañana.

La conversación fue escuchada por una criada que inmediatamente le dijo a Kittie que Baker iba a dejarla de lado. "¿Lo hará?", se enfureció la muchacha. Lo mataré antes de que termine el día". Se preparó para salir y le confesó a la casera lo del falso matrimonio. Entonces, ¿por qué no lo dejas?", preguntó la casera, que había supuesto que sólo el matrimonio mantenía unida a la pareja. No puedo", dijo Kittie, "porque le quiero mucho".

. . .

Fue a una tienda de Oxford Street y pidió a un cuchillero un cuchillo largo y afilado. Le mostró un artículo grande con una hoja con resorte que encajaba en la aldaba. Parecía una chica demasiado delgada para manejarlo, y el cuchillero le sugirió otras alternativas. No, dijo Kittie, ella tenía un fuerte agarre, y lo demostró accionando el resorte varias veces.

Una vez comprada la navaja, se la metió en el manguito y se dirigió a una oficina de correos de la calle Lombard. El edificio se encontraba en el corazón de la ciudad donde trabajaba Baker. Era el día del alcalde. La multitud estaba en las calles.

Desde la oficina de correos, Kittie envió a Baker una carta urgente con las palabras: 'Querido Reg. Te quiero inmediatamente, Kittie'. Pero el mensajero no pudo localizar a Baker en la Bolsa y regresó a Lombard Street con la nota.

Kittie insistió en que volviera de nuevo.

El chico lo hizo, y esta vez localizó a Baker, que volvió con él a la oficina de correos.

. . .

El personal de la oficina de correos se había dado cuenta del estado de excitación de la chica. Y también se dieron cuenta de una disputa absurdamente trivial que surgió cuando llegó Baker. Había que pagar un recargo de dos peniques por eso: el tiempo del mensajero. Baker se negó rotundamente a entregar la suma; Kittie insistió en que se pagara y ofreció a su amante un florín. De alguna manera, el incidente dice mucho sobre los caracteres relativos de la pareja. Baker seguía negándose a pagar cuando salió de la oficina de correos, con Kittie corriendo tras él. El personal notó que algo brillaba en su mano mientras salía.

Ella lo atrapó en los escalones. Los dos golpes fueron rápidos y los transeúntes no notaron que hubiera sangre. De hecho, varios testigos pensaron en un primer momento que le estaba golpeando con su manguito. Baker podría haber muerto antes de que un obrero agarrara la mano de Kittie y el cuchillo cayera con estrépito al pavimento. El trance de su furia se rompió, y fue entonces cuando Kittie cayó sollozando sobre el cuerpo de su amante: "Déjame besar a mi Reggie... Déjame besar a mi marido...

. . .

Kittie Byron hizo dos declaraciones diferentes a la policía poco después de su detención.

En la primera dijo: "Lo maté deliberadamente, y se lo merecía, y cuanto antes me maten, mejor". En la segunda: "Compré el cuchillo para golpearle; no sabía que le estaba matando". En el juicio que siguió sólo consiguió susurrar: "No culpable" como su declaración de culpabilidad.

Era una figura lamentable en el banquillo de los acusados, una mujer pálida y delicada cuyos ojos oscuros vagaban aturdidos por el tribunal. Llevaba un traje de sarga azul y una camisa cuyo cuello de lino blanco le llegaba hasta la garganta, abrochado con una corbata negra. El tribunal supo que su verdadero nombre era Emma Byron, pero no era difícil entender por qué se había ganado el diminutivo de "Kittie". Sir Travers Humphreys, entonces abogado de la defensa, recordó más tarde cómo se aferraba a la celadora que la llevó al banquillo de los acusados: "Parecía que se iba a derrumbar desde el principio". La acusación llamó a unos veinte testigos y Kittie se derrumbó. Ocurrió mientras un cirujano indicaba en su propio cuerpo la posición de las heridas de arma blanca de su amante. Se oyó un gemido ahogado. Todas las miradas se volvieron hacia el banquillo de los acusados, donde Kittie se atormentaba con violentos sollozos.

La defensa no llamó a ningún testigo, ni siquiera a la propia Kittie. Su abogado era Henry ("Harry") Dickens, hijo del gran novelista victoriano, y un hombre que había heredado el genio de su padre para despertar las emociones.

Dickens trató de argumentar que Kittie había tenido la intención de suicidarse y no de asesinar. Era una tesis improbable que iba en contra de las pruebas. Estaba en un terreno más seguro al señalar la situación y el carácter de la chica herida, y al conmover los corazones de los miembros del jurado.

El juez, en su resumen, fue sincero sobre sus propias emociones: "Señores del jurado, si hubiera consultado mis propios sentimientos, probablemente habría detenido este caso desde el principio". Pero fue igualmente sincero al descartar el homicidio como un veredicto apropiado. El jurado estuvo fuera durante Len minutos. La encontraron culpable de asesinato, pero con una fuerte recomendación de clemencia. La forma tenía que ser observada. El gorro negro fue sacado y se dictó la temible sentencia. Kittie, declarándose débilmente inocente de homicidio doloso, debía ser colgada del cuello hasta morir.

Pero nunca lo hizo. Grandes oleadas de simpatía pública se dirigieron a la frágil y maltratada niña. Rápidamente se elevó una enorme petición solicitando un indulto y se obtuvieron no menos de 15.000 firmas en una sola mañana. Tres mil firmas se consiguieron entre los empleados de la propia Bolsa. En realidad, la petición no llegó a presentarse formalmente a las autoridades, ya que el Ministro del Interior concedió el indulto antes de recibir el documento.

La sentencia de Kittie Byron fue conmutada por la de servidumbre penal de por vida. En 1907, se redujo su condena y fue liberada al año siguiente.

Muerte de un ministro

La carrera pública de Pierre Chevallier había sido una historia de brillante éxito. Procedía de una familia de médicos acomodados y sirvió como oficial médico durante los primeros meses de la Segunda Guerra Mundial. Como resultado de su valentía al atender a los soldados heridos bajo el fuego, fue condecorado. Cuando los alemanes ocuparon su ciudad natal, Orleans, Chevallier siguió ejerciendo la medicina durante el día, pero por la noche dirigió la Resistencia local. Antes de que los aliados llegaran para liberar la ciudad, Pierre Chevallier dirigió valientemente el ataque que expulsó a los alemanes.

Elegido alcalde de Orleans con sólo 30 años, Chevallier se lanzó a la tarea de la reconstrucción de la posguerra. Dirigió las obras con tanta maestría que Orleans fue oficialmente citada como la ciudad mejor reconstruida de Francia.

Chevallier se convirtió en representante parlamentario de Orleans. Y el 1 de agosto de 1951 obtuvo un honor aún mayor. A los 41 años, se le otorga el rango de ministro en el nuevo gobierno de René Pleven.

Al día siguiente, Pierre Chevallier regresó de París a Orleans como Subsecretario de Estado para la Enseñanza Técnica. Le llevaron en una gran limusina negra decorada con la escarapela tricolor oficial. En realidad, sólo vino a cambiarse de ropa, ya que había que asistir a ceremonias. Su mujer, Yvonne, le esperaba en su casa y le dijo a su hijo pequeño, Mathieu, que corriera a saludarle con las palabras "Bonjour, Monsieur le Mi1listre" (Buenos días, Ministro).

El niño corrió a la puerta con su saludo. Chevallier estaba encantado con el recibimiento, y con ternura le dio un toque a su hijo. Sin embargo, no hubo saludos alegres para su esposa.

Chevallier subió a cambiarse de ropa al dormitorio. Yvonne le siguió. Hubo una disputa y ella le disparó cuatro veces con una automática Mab de 7,65 mm.

Abajo, el pequeño Mathieu oyó los disparos y se puso a llorar. Yvonne bajó a consolarle y a entregarle a una asistenta para que le cuidara. Luego volvió al dormitorio. Se oyó un quinto disparo y una quinta bala se clavó en el cadáver de su marido.

Había sido ministro precisamente durante un día. Pronto, toda Francia se enteró de que tras la brillante fachada de la vida de Pierre Chevallier se escondía una historia de fracaso: el fracaso de un matrimonio.

. . .

Pierre e Yvonne se habían casado antes de la guerra. Ella era una enfermera de origen campesino que adoraba al joven y dinámico médico. Desde el principio, la familia de Pierre consideró el matrimonio un error, y nunca lo aceptó realmente. Y su juicio pareció confirmarse a medida que la fortuna de Pierre aumentaba. Yvonne carecía de las gracias sociales y se le trababa la lengua en las cenas y recepciones.

Cuando empezaba la charla inteligente, se callaba. Una chica aburrida, decían luego sus colegas, un poco molesta.

De hecho, amaba apasionadamente a su marido, y ningún otro defecto habría importado si Pierre hubiera correspondido a su afecto. Pero no lo hizo. Poco a poco, Yvonne se fue distanciando de la carrera y las preocupaciones de su marido. El abismo se abrió cuando uno de sus dos hijos enfermó. La camita del niño fue llevada al dormitorio de la pareja mientras duró la enfermedad. Pierre se dedicó a dormir en su estudio. Y cuando el niño se recuperó, Pierre siguió durmiendo en su propia habitación. Nunca volvió a la cama del matrimonio.

La semilla de la sospecha se plantó en la mente de Yvonne.

. . .

Un día, buscando en sus bolsillos, encontró una carta de amor dirigida a Pierre y firmada por alguien llamado "Jeanette". Sospechó que había sido escrita por una amiga común, Jeanne Perreau, 15 años más joven que ella.

Después de un torpe intento de obtener una muestra de su letra, Yvonne fue a acusar a su rival a la cara. Jeanne negó que existiera una relación y, de vuelta en el buró, Pierre le dijo a su mujer que se callara y se metiera en sus asuntos.

Pero la sospecha no murió. Jeanne Perreau era la esposa del rico propietario de unos grandes almacenes. Era una mujer hermosa, con una exuberante melena pelirroja y una figura muy opulenta. Sobre todo, era ingeniosa y sofisticada, y brillaba precisamente en aquellas funciones que para Yvonne eran un calvario. En junio de 1951, Pierre ganó su escaño parlamentario y dio una fastuosa recepción. Su esposa lo vio coquetear abiertamente con Jeanne Perreau. Sin embargo, cuando Yvonne intentó abrazar a su marido, éste la rechazó delante de todos.

. . .

Aquella noche hubo una terrible discusión. Yvonne exigió una explicación; le rogó a Pierre que volviera a su lecho matrimonial. Él le respondió cruelmente que no sólo no quería hacer el amor con ella, sino que ni siquiera se creía capaz de hacerlo. Ella lo había deshonrado en la recepción: "¿De verdad te ves en los grandes banquetes de París?", se burló.

Pierre dijo que quería el divorcio. En su defecto, ella debería tomar un amante. Yvonne se indignó y se negó a aceptar la separación. Lo amaba demasiado para eso.

Las tensiones aumentaban hasta el punto de que algo tenía que ceder. Yvonne llevaba un tiempo tomando drogas: tranquilizantes para poder dormir, estimulantes para animarla durante el día. Tomaba café en grandes cantidades y fumaba sin cesar. Y fue en este estado de peligrosa desorientación cuando se llevó a los niños de vacaciones a la costa.

Desde la costa, escribió una apasionada carta a su marido en la que le decía que intentaría mejorar como esposa. Pierre no respondió. Y a su regreso, Yvonne tomó veneno para intentar acabar con su vida.

. . .

Apenas falló, y estuvo desesperadamente enferma después. Todos los intentos de comunicarse con su marido se encontraron con un frío desprecio por parte de éste. Yvonne siguió a Pierre a París y trató de verle en la Cámara de Diputados.

Un funcionario le dijo que estaba demasiado ocupado. Entonces, saqueó su piso en la ciudad en busca de pruebas de su traición. La encontró en forma de un horario de trenes. Él había marcado los rieles para los trenes: Jeanne Perreau estaba de vacaciones allí.

Yvonne regresó furiosa a Orleans y se enfrentó al marido de su rival. El Sr. Perreau trató al principio de calmar sus temores. Pero tras una segunda visita admitió que sabía que Jeanne tenía una aventura con Pierre. León Perreau tampoco se angustió lo más mínimo por ello; era uno de esos curiosos personajes queridos en la farsa francesa: un marido mari complaciente o complaciente al que simplemente no le importaba ser cornudo.

Pero Yvonne no era una esposa complaciente. Pierre se enteró de su viaje a París y la llamó por teléfono para llamarla "vaca" y decirle que dejara de arruinarle la vida. Fue después de esta llamada, y de la confesión de

Perreau, cuando Yvonne salió a buscar una licencia de armas.

No hubo ningún problema en conseguir el certificado; su marido era ahora una importante figura política y ella afirmaba que tenía peligrosos enemigos. Armada con el certificado, Yvonne fue a una armería donde pidió un arma que garantizara la muerte. Le vendieron la Mab automática.

Matar estaba claramente en su mente, pero ¿matar a quién?

En agosto, Yvonne se enteró por la radio de que Pierre había sido nombrado ministro. Inmediatamente, envió un cálido telegrama de felicitación. Luego se puso en contacto con una monja amiga y le dijo que iba a suicidarse.

La monja, por supuesto, le desaconsejó el acto. Pierre telefoneó más tarde desde París diciendo que volvería al día siguiente para recoger algo de ropa. No le dio las gracias por el telegrama. Tal vez por sus modales bruscos y desdeñosos, mezcló los pensamientos de asesinato con los de suicidio.

. . .

Tuvo una noche terrible. A la mañana siguiente, el nombre de Pierre aparecía en todos los periódicos. Chevallier, ministro, sin mencionar, como es habitual, a su amada esposa. Eso debió de molestarle. Aun así, reunió entusiasmo para que el pequeño Mathieu dijera su parte del partido: "Bonjour, Monsieur le Ministre".

Después de besar a su hijo, Chevallier subió las escaleras sin dedicar ninguna palabra a su mujer. Se desnudó en el dormitorio y le pidió que le entregara ropa limpia. Yvonne le exigió una explicación sobre su relación con Jeanne.

Chevallier respondió con obscenidades. Se iba a casar con Jeanne, dijo, "¡y tú puedes quedarte en tu propia mugre!"

En medio de las maldiciones a su esposa, se regodeó de su nombramiento: "¡Soy ministro!", siguió gritando.

Pierre permaneció impasible cuando Yvonne cayó sollozando de rodillas y suplicó una reconciliación.
    La llamó despreciable, le dijo que apestaba, apiló

insulto sobre insulto. Finalmente, cuando ella se acercó a él suplicando, su mano rozó su pierna.

Este fue el catalizador. Se había atrevido a tocar al Subsecretario de Estado. Chevallier lanzó un insulto peculiarmente grosero a su esposa e hizo un gesto especialmente obsceno.

Yvonne se puso rígida. Le advirtió que si se iba con Jeanne se suicidaría. 'Adelante', respondió él. Será la primera cosa sensata que hagas en tu vida".

'Hablo en serio', gritó, sacando la automática. Me voy a suicidar'. "Bueno, por el amor de Dios, mátese, pero espere hasta que me haya ido".

Fueron las últimas palabras que pronunció Pierre Chevallier. Yvonne se acercó a él disparando mientras caminaba: le dieron en la pierna, la barbilla, el pecho y la frente. Después de bajar las escaleras para calmar el llanto de Mathieu, regresó al cuerpo en el dormitorio. Lo que ocurrió después sigue siendo un misterio. Según el relato de Yvonne, se inclinó sobre el cuerpo con la intención de suicidarse. Pero los pensamientos de sus hijos se mantuvieron en su mano. Al levantarse del cadáver, la pistola se disparó por accidente y una quinta bala se alojó en su espalda.

Francia estaba indignada por el tiroteo. El héroe de la guerra -el joven y dinámico alcalde que acababa de iniciar su carrera ministerial- había sido abatido por lo que los periódicos presentaban como una esposa regañona. Los sentimientos son tan intensos en Orleans que el juicio se celebra en Reims, lejos de las pasiones de la población.

Pero cuando el caso llegó al tribunal, el ambiente cambió. En parte se debió a Yvonne y a la trágica figura que hizo en el banquillo. Su rostro era una máscara de sufrimiento, los ojos oscuros y hundidos por evidentes noches de angustia y remordimiento. Mecánicamente, anudaba y desanudaba un pañuelo mientras la defensa relataba las humillaciones que había sufrido. En cambio, la sobria elegancia de Jeanne Perreau parecía casi un insulto. Se oyeron silbidos desde los bancos del público mientras ella declaraba en el estrado. Y el marido de Jeanne, Leon Perreau, causó una impresión bastante ridícula como mari complaciente en el caso. Se supo que Jeanne le había dicho la primera noche que se había acostado con Pierre. El asunto había durado cinco años y el Sr. Perreau se había mostrado bastante complaciente. Incluso se sintió bastante halagado de ser cornudo por el prometedor alcalde. También había ventajas positivas: El hermano de Perreau había sido condecorado con la Legión de Honor, por recomendación de Chevalier.

Qué acuerdo tan acogedor para todos los implicados, excepto para la pobre y sufrida Yvonne.

La simpatía de la opinión pública se volcó en la esposa engañada, y la fiscalía percibió el clima de opinión. Por ejemplo, el preso no fue interrogado sobre el misterioso quinto disparo efectuado al cadáver. Esto podría haber sido explotado largamente como un posible acto de malicia y sacrilegio. La fiscalía tampoco pidió ritualmente la pena de muerte (como en los casos de Pauline Dubuisson y Leone Bouvier). Por el contrario, presionó para que se le impusiera una breve condena de prisión, sugiriendo dos años como pena adecuada.

El jurado estuvo menos de una hora, uno de los miembros pidió una aclaración. El jurado quería saber con precisión cuál fue el gesto obsceno que provocó que Yvonne alcanzara la pistola. La acusada había roto en sollozos histéricos cuando se le hizo la pregunta durante el juicio; no había sido presionada en ese momento. Ahora, las autoridades presentaron en privado una descripción explícita. Debió de ser totalmente escandalosa, porque cuando el jurado regresó absolvió a Yvonne Chevallier de todos los cargos que se le imputaban. Salió del tribunal como una mujer libre, aclamada por una gran multitud en el exterior.

Aunque fue exonerada por completo de su trágica acción, Yvonne Chevallier eligió un castigo para sí misma. Unos meses después del juicio, se llevó a sí misma y a sus dos hijos al asentamiento de St Laurent du Maroni. En los pantanos de mosquitos de la Guayana Francesa se encontraba una de las colonias penales más conocidas de Francia.

La prisión estaba cerrada, pero una comunidad destartalada de nativos y colonos franceses seguía viviendo allí.

Desterrándose a ese infierno tropical, Yvonne Chevallier ocupó el puesto de hermana encargada del ala de maternidad del hospital. Estaba capacitada para el trabajo. Yvonne había sido comadrona antes de conocer a Pierre y participar en su brillante carrera.

Tess y el ahorcamiento de Wessex

. . .

Es la más conmovedora de todas las heroínas condenadas de Thomas Hardy. Tess de los Urberville, de ojos brillantes y boca de peón, es una inocente lechera seducida por un joven con recursos. Más tarde, atrapada en un triángulo amoroso del que no sale bien parada, Tess asesina a su seductor para liberarse. Juzgada y condenada a muerte sin indulto, muere en el cadalso, un trágico deporte de los dioses.

Hardy se basó en las muchachas del campo de su Wessex natal cuando pintó su retrato; no había ningún modelo para Tess. Pero un suceso macabro de su infancia le sirvió de inspiración emocional para la novela, y quizá oscureció toda su obra. En agosto de 1856, el joven Thomas Hardy vio cómo ahorcaban a una mujer. Se llamaba Martha Brown y, al igual que Tess, era una víctima del eterno triángulo.

Hardy sólo tenía 16 años en ese momento. Pero la impresión le acompañó el resto de su vida. En 1925, cuando tenía más de ochenta años, el novelista escribió sobre la ejecución: "Recuerdo la hermosa figura que mostraba contra el cielo mientras colgaba bajo la lluvia nebulosa, y cómo el ajustado vestido de seda negra realzaba su figura mientras daba media vuelta y regresaba".

. . .

Hay más que un rastro de sensualidad morbosa en el pasaje; sólo podemos adivinar el efecto que la experiencia puede haber tenido en los impulsos sexuales que se despiertan en la adolescente. La cara de la condenada estaba encapuchada, pero el material, mojado por la lluvia, permitía ver su rostro con bastante claridad. Evidentemente, esto obsesionó al novelista. Escribió: "He visto -habían puesto un paño sobre su cara- cómo, al mojarse el paño, sus rasgos aparecían a través de él. Fue extraordinario".

Tess, por supuesto, ha sido objeto de películas, obras de teatro e incluso una ópera italiana de d'Erlanger. La historia de Martha Brown no es tan conocida. Sin embargo, causó sensación en su momento.

Elizabeth Martha Brown era una mujer guapa que vivía en Birdsmoorgate, cerca de Beaminster, en Dorset. Era unos 20 años mayor que su marido John Brown, transportista de profesión. Se decía que él sólo se había casado con ella por su dinero y que, ciertamente, tenía un ojo errante.

Un día de 1856, Martha lo sorprendió haciendo el amor con otra mujer. A última hora de la noche, la pareja tuvo una furiosa discusión en su casa. John Brown golpeó a su mujer con su látigo de transportista, y ella respondió cogiendo un hacha. El golpe resultó fatal.

En Francia, MarLha Brown podría haber ido a juicio con la seguridad de obtener una absolución. Se trataba de un clásico crimen pasional doméstico, en el que la compasión por la esposa ultrajada seguramente habría sido indulgente. Pero en el Dorsel victoriano prevalecía una moral más dura. Y la mujer acusada empeoró mucho las cosas al tratar de ocultar el crimen. Afirmó que su marido había sido asesinado por una patada de su caballo, una falsedad en la que persistió durante todo el juicio. Sólo al final confesó haber empuñado ella misma el hacha:

Para entonces ya era demasiado tarde. Fue condenada a muerte y, a pesar del inmenso interés público, el Ministro del Interior se negó a concederle un indulto.

Thomas Hardy

Una multitud de tres o cuatro mil personas se reunió en la cárcel de Dorchester para asistir al ahorcamiento. Llovía, y parece que los funcionarios estaban nerviosos. Hacía tiempo que no se colgaba allí a ninguna mujer, y el capellán de la prisión estaba demasiado emocionado para acompañar a Martha al patíbulo.

Se trajo a un joven clérigo para que la sustituyera (se llamaba Henry Moule y era, por casualidad, amigo de la familia Hardy).

El verdugo público, un hombre llamado Calcraft, debía atar el vestido de la condenada para que no se levantara y la dejara al descubierto al caer. Como no tenía práctica, olvidó este procedimiento. Después de bajar para accionar la trampa, tuvo que volver a subir al patíbulo. A lo largo de todos los sombríos preparativos, Martha Brown permaneció tranquila y digna. Había estrechado firmemente la mano de las autoridades de la prisión antes de ser conducida a la escalera. Y esperó en silencio la prueba.

El joven Thomas Hardy lo vio todo. Por aquel entonces era aprendiz de un arquitecto de Dorchester, y obtuvo una visión muy cercana de la horca trepando a un árbol cercano a la entrada de la cárcel. Su segunda esposa sugeriría que el episodio tiñó la obra de su vida de amargura y melancolía.

Sin embargo, las propias referencias de Hardy a este episodio revelan un gusto macabro más que una melancolía.

. . .

Era, sin duda, el mismo gusto que había atraído a los otros miles de personas a la escena. En su vejez confesó sentirse avergonzado por haber asistido al ahorcamiento, "mi única excusa era que era un joven".

Ciertamente, el caso le fascinó, y no hay duda de que la imagen de la condenada le acompañó mientras planeaba su Tess. Pues en su álbum de recortes personal guardaba un recorte de periódico en el que un amigo comentaba la influencia del suceso en su novela más famosa. Hardy corrigió con lápiz algunos detalles menores (el texto decía que Martha había usado un cuchillo, por ejemplo). Pero dejó en pie las afirmaciones relativas a Tess. Y también dejó lo siguiente:

Nunca olvidó el crujido de la fina bata negra que llevaba la mujer cuando fue conducida por los guardias. Caía una lluvia penetrante; el gorro blanco no tardó en cubrir la cabeza de la mujer y se pegó a sus rasgos, y el lazo se puso alrededor del cuello de lo que parecía una estatua de mármol. Hardy contempló la escena con la extraña ilusión de que fuera irreal, y volvió en sí cuando la gota cayó con estrépito y su compañero, en una rama más baja del árbol, cayó desmayado al suelo.

El compañero de infancia de Hardy no fue el único que sintió el horror del suceso. La ejecución provocó un artículo en el Dorset County Chronicle, que pedía el fin de la pena de muerte. Y aunque pasaron más de cien años antes de que la pena capital fuera finalmente abolida en Gran Bretaña, la sensibilidad local se había despertado claramente. Tras el ahorcamiento de Martha Brown, no hubo más ejecuciones públicas en Dorchester.

Historia de dos hermanas

El alcoholismo crónico es un problema muy arraigado en el campo francés. El vino es barato y las duras rutinas de la vida agrícola pueden ser monótonas.

Para escapar de ellos, muchos trabajadores aturden diariamente sus sentidos con la botella. Este es el caso de Bouvier. Su bebida especial no era el vino, sino un alcohol de sidra crudo destilado en la región del oeste de Francia donde vivía. Bouvier solía emborracharse violentamente y amenazaba regularmente con asesinar a su mujer y a sus dos hijas. Desde muy pequeñas, las niñas aprendieron a ayudar a su madre en el suplicio casi nocturno de atarlo a la cama. Luego, alguien corría a buscar al médico. El médico le ponía las inyecciones que traían una frágil calma al hogar.

. . .

Esta es la historia de esas dos hermanas. Georgette, la mayor, sólo desempeña un papel periférico en el drama. Sin embargo, iba a ser intensamente significativa en la vida de Leone, la más joven.

El pueblo de Saint-Macaire se encuentra cerca de la ciudad de Choler, en el departamento de Maine-et Loire. En la escuela local, Georgette mostró una inteligencia reordenada.

A los 18 años consiguió escapar de la casa ingresando en un convento de Angers.

Renunciando al infierno de su vida familiar, se sometió a las piadosas disciplinas de la existencia de una monja. Y allí, por un tiempo, debemos dejarla. Leone Bouvier, dos años más joven, lloró durante una semana cuando su hermana abandonó la casa. Ahora estaba sola con la ruina de su padre y una madre que también se había dado a la bebida. Leone no era brillante; de hecho, sus años de escuela la habían dejado prácticamente analfabeta. El escaso salario que ganaba en una fábrica de zapatos local era absorbido por las necesidades de la familia. Pero su madre no mostraba ninguna gratitud. Se burlaba de Leone por ser inútil y torpe. Y, rechazada por todos sus allegados, Leone buscó el amor en otra parte. Se dirigió, en particular, a los hombres.

No era una chica guapa. Tenía los ojos muy abiertos, la nariz grande y un mechón de pelo oscuro que le caía sobre las cejas. Un corazón generoso sólo la convertía en una presa más fácil para los muchachos del lugar.

Leone perdió su virginidad con un compañero de la fábrica en un acoplamiento apresurado en la esquina de un campo. Lo vio al día siguiente, riéndose del episodio con sus compañeros en el patio de la fábrica. Siguieron otros tristes encuentros hasta que se relacionó con un joven de corazón decente de las Fuerzas Aéreas. Sin embargo, el destino nunca le dio un respiro a Leone; poco después de que arreglaran su matrimonio, el joven murió en un accidente.

Fue en el sombrío período que siguió al incidente cuando Leone conoció a Emile Clenet, un mecánico de taller de 22 años de Nantes. Su primer y breve encuentro fue en un baile en Cholet, y se citaron para la tarde siguiente. El infortunio fue el compañero constante de Leone, y mientras iba en bicicleta al encuentro tuvo que parar para arreglar un pinchazo. Cuando llegó, él ya se había ido.

. . .

Sin embargo, seis meses más tarde, se reencontraron en la feria de Cuaresma de Cholet. Llegas seis meses tarde", bromeó Emile. Pero no importa, nos hemos vuelto a encontrar". Disfrutaron juntos de toda la diversión de la feria y, después, Emile la llevó a una habitación de hotel. Nunca había visto sábanas limpias. Entonces aprendió a amarlo.

La pareja siguió un patrón fijo de encuentros. Para invertir la letra de la canción popular, para Emile y Leone era "sólo un domingo". Él era muy trabajador y sólo reservaba el séptimo día para sus placeres. Todos los domingos, Leone iba en bicicleta a un lugar concreto cerca de Cholet, y Emile la recogía en su moto. Después de hacer un picnic y tal vez un baile nocturno, se retiraban a un hotel barato.

Se habló de matrimonio, y Emile la llevó a su casa para que conociera a sus padres, a quienes les gustaba bastante la extraña noviecita de su hijo. Es difícil determinar exactamente qué fue lo que salió mal. Quizá Emile nunca tuvo una intención seria de casarse.

Una vez, hubo un accidente con su moto y Leone se dio un golpe en la cabeza. Después de eso, sufrió dolores de cabeza y ataques de depresión.

. . .

Emile también podía ser cruel. Una vez, fotografiada por un fotógrafo callejero, la pareja fue a recoger la foto. Emile le echó un vistazo y dijo que no la quería. Cuando Leone le preguntó por qué, le dijo: "Mira esa cara y lo entenderás".

Desde que conoció a Emile, Leone cuidó su aspecto, se entregó a todas las vanidades femeninas. Palabras como esas debieron herir profundamente.

El verdadero golpe llegó cuando se enteró de que estaba embarazada y Emile le dijo que se deshiciera del niño por nacer, y así lo hizo, pero los dolores de cabeza y las depresiones empeoraron. Entonces, en enero de 1952, perdió su trabajo. Aquella noche se produjo una furiosa pelea en su casa: su madre se ensañó con ella y su padre, borracho, intentó darle una paliza. Leone huyó de la casa. Tardó toda la noche en recorrer los 50 kilómetros hasta Nantes, donde trabajaba Emile. Pero cuando llegó por la mañana, Emile estaba molesto. Su acuerdo era sólo para los domingos, dijo. Era un día de la semana. Ella debía irse.

Abandonada por completo, Leone pasó dos semanas como paria en Nantes, vagando por las frías calles de invierno.

Un segundo intento de ver a Emile se saldó con un nuevo rechazo: le dijo que estaba demasiado ocupado para recibirla durante los siguientes dos domingos. Se le acabó el dinero. No tenía dónde dormir. Y aunque nunca aclaró lo que ocurrió durante esa quincena en blanco, parece que cayó en la prostitución.

Durante esos días, Leone se quedaba de pie frente a los escaparates de las armerías, contemplando aturdida los relucientes toros y cañones. Más tarde, diría que no sabía muy bien por qué lo hacía; tal vez el suicidio había estado en su mente. Pero recordaba claramente un incidente. Mientras estaba allí, temblando bajo la lluvia, un extraño joven apareció a su lado. No", dijo la figura, "es demasiado joven.

Tiene derecho a convivir". Y desapareció.

Leone había sido una víctima toda su vida, y tal vez su mente consciente se movía hacia pensamientos de autodestrucción. Pero tal vez, también, un último instinto de supervivencia y de ataque al exterior estaba saliendo de su interior. El impulso era asesinar a su amante. Y para restablecer el equilibrio, su conciencia inventó la fantasmagoría: un joven que parecía conocer sus pensamientos.

Sea cual sea la verdad, esa voz parece haberle valido a Emile un indulto.

Pues aún no se compró un arma. En cambio, agotada física y emocionalmente, regresó a su pueblo. Allí nada había cambiado. Al llegar, su padre estaba en uno de sus frenesíes.

Mecánicamente, ayudó a su madre a atarlo a la cama.

Había vuelto de un infierno a otro, y sólo los pensamientos de Emile la sostenían. El 15 de febrero de 1952 era el 23º cumpleaños de Leone. ¿Se acordaría su amante? El año pasado le había comprado una lámpara de bicicleta, el único regalo de su vida adulta. Se armó de valor, cogió los últimos ahorros y se subió al autobús de vuelta a Nantes.

Con humildad y disculpas, se dirigió a él en el garaje y le preguntó si podían reunirse el domingo en el lugar habitual.

. . .

Él no dio muestras de acordarse de su cumpleaños. Pero, para su intensa alegría, él aceptó reunirse en el lugar de la cita.

Cuando vino, no trajo ningún regalo de cumpleaños. Emile hizo el amor con brusquedad ese domingo y no se quedó a pasar la noche como de costumbre. Al día siguiente, Leone fue a Nantes y buscó una de las armerías. Allí compró una automática del 22.

La pistola había sido declarada recientemente "arma deportiva". Leone, que apenas podía firmar con su nombre, no necesitaba licencia.

Ahora sólo vivía para sus domingos. Leone se quedó en Nantes esperando el próximo encuentro, viviendo de día en día en la zona del muelle llevando a los hombres a las habitaciones de los hoteles. Cuando la bruma gris de las horas de espera terminaba, ella se apresuraba.

Tener y retener

. . .

El 27 de agosto de 1984, la Sra. Jose Kubiczek vuelve a su casa de Saint-Amand-les-Eaux. Era una última visita, ya que sólo venía a hacerse cargo de la custodia de su hijo. Pero parece que su marido no podía afrontar el futuro sin ella. La policía francesa informó de que había estrangulado a su mujer y luego la había vestido con un traje de novia. Lo encontraron junto a su cadáver en el lecho conyugal, a su cita en Cholet. Emile no estaba allí. Ella recorrió la ciudad y encontró su moto aparcada a la salida de un cine; cuando terminó la película, corrió a su encuentro, pero él la rechazó. Dijo que tenía gripe y que se iba a casa. Tenía que esperar a que llegara el carnaval de Cuaresma.

El destino, que había perseguido a Leone durante toda su vida, había reservado su completa ironía para este encuentro. Fue en el carnaval de Cuaresma de Cholet donde la pareja había disfrutado de su primera noche juntos dos años antes. Fue también en el carnaval de Cuaresma, con su alegría de zanfoña, donde Leone Bouvier iba a matar a su amante.

Sin embargo, todo empezó muy bien: Emile llegó a la cita en su moto y ella se montó en el asiento trasero, como en los viejos tiempos. Le besó mientras entraban en el centro de la ciudad para mezclarse con la multitud del carnaval.

Emile se detuvo en un campo de tiro para demostrar su destreza: el arma (otra vez el destino) era una 22 automática. Y por encima del crepitar de los disparos le dijo que se iba a trabajar al norte de África. Se iba, dijo, para siempre.

'¿Pero qué pasa conmigo? Íbamos a casarnos...' '¿Y qué?'

"¿Ya no quieres casarte conmigo?

C'est la vie". Emile se encogió de hombros y murmuró perogrulladas, diciéndole que ella despediría a alguien mejor que él.Leone se mostró incrédula.Volvió a preguntar.De nuevo dijo que no, que nunca se casaría con ella.

Emile la llevó de vuelta a su bicicleta, encerrada en su lugar de encuentro.
    Allí ella le imploró: "Emile, ¿no te irás y me dejarás así?"

Emile no dijo nada, pero volvió a su moto y se subió, preparándose para partir. Leone sacó la pistola de su bolso y la metió bajo su abrigo. Se acercó a él por detrás.

Emile", susurró, "bésame por última vez...". Él no respondió. Ella le rodeó el cuello con el brazo izquierdo y lo atrajo hacia sí con ternura. Suavemente, le besó la mejilla. Y mientras lo hacía, sacó la pistola y puso la punta del cañón contra su cuello. Luego apretó el gatillo.

Sólo hubo un disparo.

Después montó en su bicicleta y huyó, pedaleando a ciegas hacia el único lugar que conocía que le ofrecía refugio. Se dirigió a Angers, al convento de su hermana. Llegó allí angustiada, sin explicar lo que había sucedido. Georgette le dio café y la llevó a la cama: la pobre niña arruinada llegó como un fantasma de su pasado.

La policía acudió al día siguiente por la tarde. Leone fue detenida en el convento, pero son tales los procedimientos de la ley francesa que hasta diciembre de 1953 no fue llevada ante la Audiencia de Maine-et-Loire. Los tribunales franceses son tradicionalmente flexibles en el tratamiento de un delito. La desgracia de Leone fue enfrentarse a un fiscal inusualmente agresivo y a un juez hostil.

Los jueces desempeñan un papel más activo en los tribunales franceses que sus equivalentes ingleses. Pueden interrogar y repreguntar largamente a un acusado. Y en el juicio de Leone en Angers, el juez se mostró totalmente desprovisto de la sutileza asociada a la mente jurídica francesa. Lo que tenía en abundancia era la obstinada hipocresía de los burgueses provincianos franceses.

Simplemente no podía ver que la infancia arruinada de Leone o los desplantes insensibles de su amante cambiaran un ápice el caso. ¿Por qué no se quedó en el hogar de sus padres en lugar de vagar por los muelles de Nantes? La respuesta debería haber sido evidente cuando el padre de Leone fue llevado al estrado, sudando y temblando bajo la prueba de una mañana sin beber. Los expertos le declararon alcohólico hereditario. También la madre admitió con franqueza que todos habían vivido con un miedo mortal a su violencia. Pero explicó que había hecho lo mejor que podía, añadiendo la fatídica reflexión de que su otra hija era monja.

El juez se abalanzó.

"¡Ya ves!", dijo, rodeando a Leone, "no había necesidad de que te equivocaras. ¿Por qué te equivocaste? Es difícil exagerar el papel que desempeñó esta circunstancia.

Parecía anular todo factor atenuante de los antecedentes de Leone.

El escritor Derrick Goodman lo ha expresado de forma elocuente: no fueron duros con Leone porque hubiera asesinado a su amante. Fue porque su hermana era monja.

El juez continuó con su diatriba, insistiendo en el hecho de que Leone había matado a Emile mientras lo besaba. Era un detalle que le parecía un atropello incomprensible: "¡atroce!", echaba humo, "¡atroce!"

Leone permaneció en silencio en el banquillo de los acusados, con la cabeza inclinada hacia abajo. ¿Por qué lo mató?", preguntó el juez.

Las lágrimas corrían por sus mejillas cuando Leone levantó la cabeza. Lo amaba", dijo simplemente.

La fiscalía había pedido la pena de muerte por el cargo de asesinato premeditado. Por las razones expuestas en el caso de Pauline Dubuisson, no era probable que Leone fuera ejecutado. De hecho, la defensa tenía todo el derecho a esperar una sentencia muy benévola. ¿Cuál fue el crimen de Leone sino un crimen pasional? Las damas de clase media habían salido impunes en casos de esta naturaleza.

El jurado estuvo solo un cuarto de hora. y parece que llegaron a la misma fórmula que en el caso de Pauline Dubuisson. Evitaron el cargo de asesinato premeditado, ya que eso conllevaba una pena de muerte automática, y la declararon culpable de asesinato, pero sin premeditación.

El capataz sugirió complacientemente que se le impusiera al preso la pena máxima de reclusión de por vida, un mínimo de 20 años. El juez aceptó de inmediato. Y así, con las aflicciones de una mente sencilla y un corazón cálido, una infancia horrible y una sucesión de rechazos, Leone Bouvier cayó víctima de todo el peso de la ley francesa.

La verdadera Sra. Mainwaring

. . .

La ciudad de Colditz, en la Alta Sajonia, es recordada hoy en día por su castillo, construido en lo alto del río Mulde, que albergó a algunos de los fugitivos más decididos de la Segunda Guerra Mundial. Pero mucho antes de que su mampostería conociera las silenciosas excavaciones de los prisioneros de guerra aliados, esa melancólica silueta había contemplado un drama de muy distinta índole.

En el verano de 1871 llegó a Colditz un caballero inglés llamado Mainwaring con una hermosa acompañante que todos tomaron por su joven esposa. Mainwaring se hospedó en un conocido hotel y ocupó una suite de apartamentos para su luna de miel. Incluso recibió cartas allí, con matasellos de Ferrybridge, en Yorkshire.

Al parecer, todo marchaba tan alegremente como una campana de matrimonio hasta que un día llegó al hotel una inglesa que viajaba de incógnito y tomó dos habitaciones en el mismo piso que la enamorada pareja.

Se llamaba Sra. Mainwaring.

Durante uno o dos días, la verdadera Sra. Mainwaring esperó su momento, aparentemente madurando su plan de venganza. Entonces, una noche, se arrastró sigilosamente por el pasillo que llevaba a la habitación de su marido. Al entrar, pistola en mano, vio a su marido y a su pareja juntos entre las sábanas. Sin pensarlo dos veces, apuntó la pistola y disparó. La bala atravesó la cabeza del Sr. Mainwaring, que murió casi al instante.

Este clásico drama victoriano de amor y venganza tuvo un desenlace apropiadamente trágico. La verdadera Sra. Mainwaring, con su "propósito de caída" cumplido, fue debidamente arrestada y llevada a prisión. Sin embargo, fue encontrada muerta en su celda a la mañana siguiente. Según The Illustrated Police News, que informó de la historia, se las había arreglado para ocultar veneno en su persona y debió de ingerirlo poco después de su encarcelamiento.

Los médicos fueron unánimes en su opinión de que llevaba varias horas muerta.

Los bígamos

La bigamia ofrece una salida al triángulo amoroso. En un escandaloso caso victoriano, el conde de Euston solicitó el divorcio de la condesa de Euston alegando que tenía un marido vivo cuando se casó. Pero en el juicio se supo que el marido en cuestión tenía una esposa viva cuando se casó con ella. Al conde se le denegó el divorcio alegando que la condesa era libre.

Una vida por una vida

A principios de julio de 1955, el publicano del norte del país, Albert Pierrepoint, recibió un aviso oficial de que se le necesitaría en Londres el día 13.

Hombre pequeño y ordenado, Pierrepoint tomó las medidas oportunas para un viaje que ya había hecho muchas veces.

La tarde del 12 de julio llegó a las puertas de la prisión de Holloway, en el norte de Londres. Admitido por las autoridades, le dieron una taza de té y luego lo llevaron a la puerta de una celda donde, a través de la mirilla, pudo ver a una joven pálida leyendo una Biblia.

Los funcionarios le proporcionaron las estadísticas que necesitaba saber: Altura: 1,5 metros; peso: 103 libras. Albert Pierrepoint, verdugo oficial, estudió su expediente y se dirigió a la cámara de ejecución donde, utilizando un saco de arena como maniquí, probó el mecanismo de resorte de la trampa.

A las 9.00 horas de la mañana siguiente, Ruth Ellis, de 28 años, entró en la cámara para convertirse en la última mujer ahorcada en Gran Bretaña. Se enfrentó a la soga con la misma extraordinaria calma que había exhibido a lo largo de su juicio y su calvario de espera. Ruth Ellis no pidió ni compasión ni piedad. Desde la celda de los condenados había escrito: "una vida por una vida".

El ahorcamiento se llevó a cabo con eficacia. La autopsia señaló las fracturas de la columna vertebral, la tiroides y el cartílago, pero informó de que las vías respiratorias estaban bien. No había sido estrangulada como tantos otros antes de ella: 'No hay congestión No hay asfixia! cambios ... Causa de la muerte: Lesiones en el sistema nervioso central como consecuencia del ahorcamiento judicial'.

Sin embargo, ni la calma del preso, ni la pericia de Pierrepoint, ni ningún tipo de papeleo podían enmascarar el horror esencial de lo que había ocurrido. 1955 fue el año en que el Rock'n'Roll llegó a Gran Bretaña; el primer año de la televisión comercial.

Sin embargo, en la prisión de Holloway, una forma de retribución tribal del Antiguo Testamento había sido promulgada sobre Ruth Ellis. Durante los días anteriores, amigos, familiares, abogados y parlamentarios habían presionado desesperadamente para conseguir un indulto. En la víspera de la ejecución, la multitud ya había empezado a reunirse ante las puertas de la prisión, equipada con termos y sacos de dormir, para estar cerca mientras se representaba el macabro drama. Entre ellos había una minoría vociferante que coreaba la abolición de una pena que parecía más bárbara que el propio asesinato. El ahorcamiento de Ruth Ellis no sólo conmocionó porque la condenada era joven, rubia y atractiva. Puso de manifiesto la férrea inflexibilidad del sistema jurídico británico. Incluso en 1955, apenas había otro país en el mundo civilizado en el que un crimen pasional fuera castigado en el cadalso.

Nacida Ruth Hornby en Rhyl m 1926, la condenada había tenido una vida accidentada. A los 15 años había escapado de un entorno familiar difícil para empezar a trabajar como camarera. Con el tiempo encontró empleo en una fábrica de municiones y ya se teñía el pelo con el peróxido que la distinguiría en todas las fotografías de la prensa. Ruth no era una doncella tímida. Con una sensualidad esbelta y algo depredadora, le resultó fácil conseguir parejas de baile entre los militares en los clubes de guerra que empezó a frecuentar en Londres. En 1944 tuvo un hijo de un soldado canadiense, y nada más recuperar su figura aceptó un trabajo como modelo de desnudos en un Camera Club.

En los años de austeridad de la posguerra, los señores del vicio del extremo Oeste ya tejían sus redes de sórdida excitación. Ruth se convirtió en azafata de dub y prostituta. En 1950 se casó con George Ellis, un dentista alcohólico que frecuentaba sus locales de mala vida. La pareja tuvo una hija, pero se separó poco después y Ruth volvió al circuito.

Mientras trabajaba como gerente del Little Club, un sórdido local de copas de Knightsbridge, conoció a David Blakely, el hombre al que iba a asesinar.

Blakely procedía de un entorno muy diferente. Nacido en 1929, hijo de un médico acomodado de Sheffield, recibió una educación en una escuela pública de Shrewsbury, y a lo largo de su breve vida conservó su aspecto juvenil. Blakely seguía siendo inmaduro de temperamento también. A pesar de su suave encanto y de su acento educado, nunca tuvo un trabajo estable. Insensible, emocionalmente vulnerable y con tendencia a enfurruñarse, Blakely sólo mantenía su entusiasmo por el alcohol, las mujeres y -sobre todo- los coches de carreras. Cuando bebía se volvía obstinado, provocando peleas que era demasiado cobarde para llevar a cabo. Con sus mujeres era un fanfarrón y un amante poco exitoso. Y sus experiencias en los circuitos automovilísticos no fueron más felices.

Blakely corrió en Silverstone y en otros circuitos conocidos, como Le Mans en Francia. Pero aunque se relacionó en clubes y reuniones con estrellas como Mike Hawthorne y Stirling Moss, la victoria casi siempre le fue esquiva. Las carreras tampoco le ofrecieron una carrera. Su obsesión por los coches, al igual que por la bebida y las mujeres, se financió principalmente con dinero privado, incluyendo una herencia de 7.000 libras de su padre. Blakely conoció a Ruth Ellis en 1953. El joven piloto de carreras estaba borracho e insultante en aquella ocasión, y Ruth se refirió a él después como un "imbécil pomposo", diciéndole a un amigo: "Espero no volver a ver a ese mierdecilla", pero lo hizo, con consecuencias desastrosas para ambos.

Blakely empezó a frecuentar el Little Club, donde Ruth sucumbió a su encanto y a sus caros modales. David tenía "clase", y al poco tiempo dormían juntos en el piso de ella, encima del local. Ruth, al principio, era claramente la pareja dominante, segura de sí misma y dueña de sí, mientras que él era débil e ineficaz. Además, a medida que Blakely desperdiciaba más y más recursos, llegó a depender de ella para subvencionar su consumo.

Después de hacer abortar un hijo de Blakely en diciembre de 1953, Ruth intentó enfriar la relación cultivando un amante más fiable, el director de la empresa Desmond Cussen. Casi al mismo tiempo, perdió su trabajo en el Little Club, en parte por el tiempo y el dinero que había dedicado a David.

Ruth se instaló primero en el apartamento de Cussen, y más tarde en un piso en Egerton Gardens. Cussen le prestó el alquiler y la visitaba con frecuencia. Pero Ruth no podía romper del todo con su joven amante. Siguió acostándose con Blakely, que finalmente se instaló con ella en Egerton Gardens. Fue un período de salvajes peleas y recriminaciones entre Ruth y David. Él era intensamente celoso, bebía mucho y a veces golpeaba a Ruth de tal manera que ella tenía que usar maquillaje para camuflar los lívidos moretones 011 de sus extremidades. Ella tuvo un segundo aborto por él, y bajo la tensión de la tempestuosa relación consultó a un médico que le recetó tranquilizantes para su depresión. Blakely, mientras tanto, había invertido el poco capital que poseía en la construcción de un coche de carreras. Como era de esperar, el vehículo se averió en los entrenamientos antes de su debut en las carreras.

¿Qué unió a Ruth con su joven amante? ¿El amor? ¿La ambición social o sus periódicas promesas de matrimonio?

Blakely se había convertido en un lastre para Ruth, pero durante este periodo de pasión frenética, el balancín de la necesidad emocional comenzó a inclinarse. Blakely no había perdido sus expectativas de clase media, y a unos amigos suyos, un matrimonio llamado los Findlater's, les confió su desesperación y su propia necesidad de romper con Ruth Ellis.

Ruth sospechaba desde hacía tiempo que David tenía una aventura con la señora Findlater, y cuanto más tiempo pasaba él en compañía del matrimonio, más se aceleraban sus propios celos. Ruth podía repartir violencia tanto como recibirla; al parecer, una vez acuchilló a Blakely en la espalda con un cuchillo.

. . .

Las cosas llegaron a un punto crítico en la Pascua de 1955. El Viernes Santo, 8 de abril, Blakely confesó a los Findlater que empezaba a tener miedo de Ruth. Le propusieron que pasara el fin de semana con ellos en su apartamento de Tanza Road, en Hampstead. Aunque tenía que reunirse con Ruth a las 19.30 horas de esa noche, Blakely aceptó agradecido.

Durante dos horas, Ruth esperó en Egerton Gardens a que su amante apareciera. A las 2:30 llamó a los Findlater para saber si David estaba allí. La au pair atendió la llamada y le dijo que ni Blakely ni los Findlater estaban en el piso. Una hora más tarde, Ruth volvió a llamar y esta vez contestó Anthony Findlater. Aunque afirmó no saber nada del paradero de su amante, Ruth no le creyó. Esa noche llamó una y otra vez a Tanza Road, y al final Findlater se limitó a colgar el auricular cada vez que su voz aparecía en la línea. En el juicio se supo que Blakely estaba efectivamente en Tanza Road, temblando de miedo en el sofá.

Frenética por la sospecha, Ruth hizo que Desmond Cussen la llevara a Tanza Road. Cuando vio el Vanguard verde de Blakely aparcado frente al piso, corrió con furia hasta la puerta principal y llamó repetidamente al timbre. Nadie respondió. Finalmente, descargó su furia contra el

Vanguard, golpeando sus ventanas laterales, que sólo estaban sujetas por tiras de goma. Los cristales no se rompieron, pero el ruido hizo que An1hony Findlater saliera a la puerta en pijama.

En la calle se produjo una escena furiosa en la que Ruth seguía exigiendo que Blakely bajara, y Findlater negaba que estuviera allí. El matrimonio había llamado prudentemente a la policía. Un inspector se presentó y trató de calmar la situación; tras advertir a Ruth de que no rompiera la paz, se marchó.

Findlater cerró la puerta de golpe, dejando a Ruth todavía fulminante en la calle. Tampoco se marchó de inmediato, sino que siguió merodeando por el Vanguard hasta que una segunda visita de la policía la obligó a abandonar el lugar. El sufrido Desmond Cussen, que había esperado y observado durante toda la actuación, la condujo de vuelta a Egerton Gardens.

Su papel en el asunto merece una explicación.

Cussen estaba encaprichado con Ruth pero, al carecer de la juventud y el glamour de David, sabía que debía esperar hasta que la llama de su amor anterior se extinguiera. Por ello, parece que estaba dispuesto a consentir a Ruth en lo que se convirtió en una búsqueda cada vez más obsesiva.

Ruth no durmió esa noche. A la mañana siguiente, temprano, tomó un taxi hasta Tanza Road y vigiló a los Findlater desde una puerta oscura. Hacia las 10.00 horas, Findlatcr salió y le hizo una seña a Blakely para que saliera a la calle. Tras examinar el coche dañado, los dos hombres subieron y se marcharon por la carretera. Las sospechas de Ruth se confirmaron: los Findlater estaban ocultando a David. Armada con esta certeza, pasó las siguientes horas intentando seguir los movimientos de su amante. Después de comer, ella y Cussen llevaron a su hijo de diez años al zoo de Londres, dejándolo allí con suficiente dinero para la tarde.

Luego, con Cussen como chófer, continuó la caza de su presa.

Cussen la llevó de vuelta a Hampstead, donde localizaron el Vanguard, ya reparado, frente al bar Magdala. Tras un reconocimiento bastante más furtivo, regresaron al piso de Ruth, dieron de cenar a su hijo y lo acostaron. Esa noche. Cussen volvió a llevarla a Tanza Road, donde los Findlater celebraban una pequeña fiesta.

Escuchando desde la calle, Ruth pudo oír la voz de David, y a una mujer riéndose de sus comentarios. Una nueva sospecha echó raíces en la mente febril de Ruth. David no estaba teniendo una aventura con la Sra. Findlater, sino con la au pair de la pareja. Un hecho trivial pareció confirmar esta idea: en un momento dado, las persianas se bajaron en lo que Ruth creyó que era el dormitorio de la chica; y al mismo tiempo dejó de oír la voz de David. Los Findlater, se convenció Ruth, estaban utilizando a la au pair para alabar a su joven amante lejos de ella. Cussen llevó a Ruth a casa hacia las 21.00 horas, y ella pasó una segunda noche sin dormir, fumando en cadena y alimentando su muda furia. A la noche siguiente, el domingo de Pascua, debía estar prácticamente desquiciada. Estaba muy alterada", reconoció en el juicio. Tenía la extraña sensación de que quería matarlo".

Según su propio relato, Ruth Ellis se dirigió en taxi a Hampstead esa noche. En su bolso llevaba un pesado revólver Smith and Wesson del 38. Al llegar a Tanza Road no vio ninguna señal del Vanguard, así que se dirigió a pie al pub Magdala, donde vio el coche de David junto al bordillo.

. . .

Al mirar por las ventanas del local, pudo ver a David y a un amigo, el vendedor de coches de Mayfair Clive Gunnell, bebiendo en el bar. En realidad, los dos hombres sólo habían venido a reponer existencias para una noche en Tanza Road. Después de haber bebido, salieron a la calle con cigarrillos y tres litros de cerveza ligera.

Ninguno de los dos se fijó en Ruth al principio. Con un litro de cerveza bajo el brazo, David se acercó al Vanguard, buscando las llaves en su bolsillo. "David", le llamó, pero él no pareció oírla. Ruth se acercó, sacando el revólver de su bolso. David", volvió a llamar, y esta vez él se volvió para ver a la rubia con la Smith and Wesson.

Inmediatamente, corrió hacia la parte trasera de la furgoneta. Dos disparos resonaron en rápida sucesión. Blakely fue golpeado contra el lateral del vehículo, y luego se tambaleó hacia su amigo para cubrirse.

"¡Clive!", gritó.

Quítate de en medio, Clive", siseó Ruth en respuesta. Y cuando Blakely volvió a intentar correr para ponerse a salvo, ella disparó un tercer tiro que lo hizo caer al suelo. Luego, con toda la apariencia de una calma glacial, Ruth Elljs se acercó a su amante caído y le perforó dos balas más en su cuerpo tendido. Una sexta bala rebotó en la carretera para golpear el pulgar de la esposa de un funcionario bancario que pasaba por allí.

Desde la puerta del pub, la gente salía a la calle. Había un agente fuera de servicio entre los presentes y se acercó lentamente a ella.

¿Quiere llamar a la policía? preguntó Ruth en voz baja mientras él cogía la pistola. Yo soy la policía", respondió él.

Esta fue, a grandes rasgos, la secuencia de acontecimientos que llevaron a Ruth Ellis a ser juzgada en Old Bailey. En términos puramente legales, parecía un caso claro de asesinato intencionado contra el que Ruth no ofreció ninguna defensa sustancial. Se negó a pedir compasión como amante oprimida; en el banquillo de los acusados pasó por alto las palizas de Blakely: "Sólo me pegaba con los puños y las manos, pero me salen moretones muy fácilmente". Con toda la pasión y la angustia gastada, Ruth Ellis quería morir por el asesinato de su amante, y no se permitió ninguna teatralidad lacrimógena. Para inquietud de los demás abogados, incluso insistió en comparecer en el banquillo de los acusados con un enjuague completo de peróxido. En el argot de la época, parecía el arquetipo mismo de una "fulana descarada". El destino de Ruth puede haber girado en torno a esa botella de peróxido, con la posible lesión del pulgar de la esposa del funcionario del banco.

En el contrainterrogatorio, el fiscal sólo planteó una pregunta:
"Sra. Ellis, cuando disparó ese revólver a corta distancia contra el cuerpo de David Blakely, ¿qué pretendía hacer?

'Es obvio', respondió con fatídica sencillez, 'que cuando le disparé tenía la intención de matarlo'.
Eso, en efecto, fue todo. El juez, al resumir, señaló que los celos no eran una defensa según la ley británica; la intención de matar era lo más importante: "Si, al considerar todas las pruebas, ustedes están convencidos de que en el momento en que ella disparó tenía la intención de matar o de causar daños corporales graves, entonces su deber es declararla culpable de asesinato intencionado".

La propia Ruth había admitido su intención. Los doce miembros del jurado sólo estuvieron 23 minutos y declararon al preso culpable de asesinato. Poniéndose su gorra negra, el juez entonó las terribles palabras: 'La sentencia del Tribunal sobre usted es que sea llevado a una prisión legal, y desde allí a un lugar de ejecución, y que allí sea colgado por el cuello hasta que muera...' Todo parecía tan querido. Sin embargo, incluso bajo la ley británica, no era inevitable que Ruth Ellis fuera ahorcada. Muchas cosas del caso nunca se exploraron completamente en el juicio. El estado mental de Ruth, por ejemplo, no se discutió en profundidad: el efecto de su segundo aborto y el hecho de que estaba tomando tranquilizantes por recomendación médica. Los fármacos, combinados con el alcohol que había consumido el fatídico día, bien podrían haber producido un estado de grave perturbación psicológica. Incluso con las pruebas presentadas, las violentas provocaciones de Blakcly podrían haber llevado al jurado a recomendar la clemencia.

Luego estaba la cuestión del arma homicida. Ruth Ellis declaró que la Smith and Wesson le había sido entregada "hace unos tres años por un hombre en un club cuyo nombre no recuerdo". Nadie creyó esta versión de los hechos ni siquiera en su momento. Se rumoreaba que Desmond Cussen le había proporcionado el arma homicida y que también la había llevado a Hampstead la noche fatídica. Entrevistado en 1977, Cussen repudió firmemente las insinuaciones. La defensa no insistió en el asunto en el juicio, ya que una insinuación de conspiración para el asesinato habría puesto en peligro el caso de homicidio involuntario, y la posibilidad de un indulto. Sin embargo, si alguien puso la pistola en la mano de Ruth y la condujo - aturdida por la bebida, los tranquilizantes y la falta de sueño - a la escena del crimen, habría sido menos fácil presentarla como una vengadora rubia de corazón frío.

Durante los últimos esfuerzos frenéticos para conseguir el indulto de Ruth, este tema se volvió eléctrico. El día antes de su ejecución, Ruth Ellis hizo una declaración escrita a su abogado Victor Mishcon:

A mí, Ruth Ellis, me ha aconsejado el Sr. Victor Mishcon que cuente toda la verdad en relación con las circunstancias que condujeron al asesinato de David Blakely y sólo con la mayor reticencia he decidido contar cómo conseguí la pistola con la que disparé a Blake. No lo hice antes porque T sentía que estaba metiendo innecesariamente a alguien en posibles problemas.

Yo había estado bebiendo Pernod (creo que se escribe así) en el piso de Cussen y Cussen también había estado bebiendo. Eran alrededor de las 20:30. Llevábamos un rato bebiendo. Le había contado a Cussen el trato que me daba Blakely. Estaba en un estado de depresión terrible. Todo lo que recuerdo es que Cussen me dio una pistola cargada... Estaba en un estado tan aturdido que no recuerdo lo que se dijo. Salí corriendo en cuanto me dio la pistola. Se quedó en el piso.

Nunca había visto una pistola. La única pistola que había visto allí era una pequeña pistola de aire comprimido que se utilizaba como juego con una diana.

Antes de firmar el documento, Ruth añadió:

Hay una cosa más. Es mejor que sepas toda la verdad. Me apresuré a regresar después de un segundo o algo así y le dije: "¿Me llevarás a Hampstead? Así lo hizo, y me dejó en la cima de Tanza Road.

Una de las opiniones al respecto es que Ruth Ellis no tenía ningún interés en salvar su vida en ese momento, y que sólo fue persuadida de hacer su declaración para que su hijo de diez años supiera la verdad. Sin embargo, Desmond Cussen, en la entrevista de 1977, reiteró su afirmación de no saber nada sobre el revólver, y añadió: 'Ella era una terrible mentirosa, ya sabes'.

Con sólo unas horas de antelación, la declaración fue enviada por mensajero al Ministerio del Interior, se notificó a Scotland Yard y la calle Fleer se llenó de noticias.

Sin embargo, no se pudo encontrar a Cussen para

que comentara la declaración y, a falta de una confesión suya, el Ministro del Interior se negó a considerar las representaciones más urgentes.

No se concedió el indulto. A primera hora de la mañana del 13 de julio, Ruth Ellis escribió su última nota a un amigo desde la celda de los condenados: "Son las 7 de la mañana, todo el mundo (el personal) es simplemente maravilloso en Holloway. Esto es sólo para consolar a mi familia con la idea de que no cambié mi forma de pensar en el último momento. O romper mi promesa a la madre de David". Esa promesa se había hecho en una carta anterior, en la que Ruth había pedido perdón y había escrito: 'Moriré amando a tu hijo'.

Y quizás Ruth Ellis sí murió amando a David Blakely. Pasó su última hora en la celda de la muerte rezando ante un crucifijo. Justo antes de las 9:00, la sombría procesión de funcionarios entró y le dijo que había llegado la hora. Le ofrecieron una gran medida de brandy que ella aceptó con gratitud. Luego, tras agradecer a las autoridades su amabilidad, se dirigió con paso firme a la cámara de ejecución donde la esperaba Albert Pierrepoint.

2

El macho enloquecido

Los CELOS SON crueles como la tumba", proclama el bíblico Cantar de los Cantares. Y desde el principio de los tiempos el espectro maligno ha rondado los recintos del amor. La sospecha hizo que D.r Buck Ruxton asesinara a su intachable "esposa"; que Elliot Bower matara a su mejor amigo.

En Nueva York, en 1906, se representó un sensacional drama de amor y venganza en el teatro del tejado del Madison Garden. Todos los crímenes fueron cometidos por maridos celosos en el blanco calor de la pasión.

. . .

Sin embargo, el espectro de los celos está ligado a una creencia primitiva. Según la antigua tradición, cuando el amor es traicionado, la venganza es un curso honorable.

Dos de las esposas de Enrique VIII fueron declaradas culpables de adulterio y fueron a la cárcel por alta traición.

A menudo, en los niveles más bajos de la sociedad, el hombre enloquecido puede no verse a sí mismo como un asesino en absoluto, sino como un verdugo.

Asesinato en la noche inaugural

No fue un espectáculo muy bueno. Algunos de los nombres más importantes de la alta sociedad neoyorquina habían acudido a ver la nueva comedia musical que se estrenaba en la azotea del Madison Square Garden. Mam'zelle Champagne se anunciaba como el entretenimiento, pero sus burbujas eran planas y las socialités de moda bostezaban cuando el protagonista masculino se levantaba para cantar sobre el amor.

. . .

Entonces se oyó un disparo; y otros dos disparos. La orquesta dejó de tocar. Y nadie volvió a bostezar.

Harry Kendall Thaw, hijo de 34 años de un magnate del ferrocarril de Pittsburgh, estaba de pie entre las mesas del café-concierto con una pistola humeante en la mano. Delante de él, Stanford White, el arquitecto más célebre del país, estaba arrugado en su silla.

Lentamente se deslizó hasta el suelo, con la sangre derramándose en cataratas carmesí sobre el frente de su costosa camisa.

Tenía dos agujeros de bala en el cuerpo. El tercer disparo estaba alojado en su cerebro.

Alrededor, la gente gritaba y corría hacia las salidas; en vano el director pedía que el espectáculo continuara. La fecha era el 25 de junio de 1906, y el asesinato en el tejado iba a mantener a Estados Unidos en vilo durante los meses siguientes.

El público se enteró rápidamente de que se trataba de un asesinato en un triángulo amoroso. Thaw había matado públicamente al seductor de su esposa. Me alegro de haberlo matado. Arruinó a mi esposa", había dicho en la fatídica noche. Pero en este triángulo en particular se entremezclaban formas escabrosas -de lujuria, sadismo y locura-, todas ellas refractadas en el prisma del gran dinero.

La mujer del caso era Evelyn Nesbit Thaw, la bella esposa del pistolero detenido. Los estándares de belleza cambian con las décadas, pero su belleza se mantiene en cierto modo al margen del tiempo.

Las fotografías muestran un rostro pálido y ovalado, ojos oscuros, boca sensual y rizos lustrosos. Frágil y voluptuosa: sus rasgos podrían haber encarnado la mística femenina en una pintura de cualquier época.

De hecho, Evelyn Nesbit había empezado como modelo de artista. Pero pronto se adentró en el mundo del espectáculo. A los 15 años ya aparecía como corista en Floradora, un musical de gran éxito de la época. De este espectáculo se recuerda todavía una canción: Dime bonita doncella (¿Hay alguna más en casa como tú?).

. . .

Evelyn Nesbit había conocido al arquitecto asesinado mucho antes de conocer a su marido. Stanford White era respetado internacionalmente por sus diseños de edificios que incluían, irónicamente, el propio Madison Square Garden. Era un hombre corpulento, de complexión florida, rostro bigotudo y estilo de vida de pícaro. En su primer encuentro con Evelyn, la llevó a ella y a otra chica a una lujosa habitación de su apartamento. Estaba equipada con un columpio de terciopelo rojo, y les dio a las chicas turnos en él, empujándolas hasta el techo, donde sus pies alcanzaban una sombrilla japonesa. Pero más allá de su exótica decoración y sus juegos lúdicos, White mostraba pasiones más profundas. En su estudio del apartamento, pronto hizo que Evelyn posara para las fotografías con un kimono de seda.

En una ocasión posterior, tras marearla con champán, la llevó a una habitación cuyas paredes y techo estaban cubiertos de espejos. Allí la sedujo mientras dormía. Ella sólo tenía 16 años.

Evelyn se convirtió en una de las varias amantes del arquitecto. Le pagaba sumas de dinero semanales, la presentaba en sociedad y la exhibía. Al estar casado con una esposa muy sufrida, White no podía ofrecer a la chica su mano. Y esa era una ventaja que Harry K. Thaw tenía sobre el arquitecto de mediana edad.

Thaw conoció a Evelyn Nesbit cuando ésta iba con su seductor. Y en el juicio por asesinato que iba a celebrarse, sus abogados hicieron lo posible por sugerir que Thaw había redimido caballerosamente a la corista.Ciertamente, Thaw estaba indignado por la historia de la seducción inicial de la chica. Odiaba al arquitecto y siempre se refería a él como "La Bestia" y "El Bastardo". Pero el propio Thaw no era un noble caballero andante. En realidad, era un monstruo.

Harry Thaw, el malcriado hijo de una familia millonaria, prometió casarse con Evelyn si ésta se escapaba con él a Europa.Ella aceptó la oferta, sin saber los gustos sexuales de su admirador. Fue en el castillo tirolés de Schloss Katzenstein donde se revelaron por primera vez. Una mañana, durante el desayuno en el castillo alquilado, él la despojó de su albornoz y la dejó desnuda, salvo las zapatillas.

Sacando un látigo de piel de vaca, la arrojó sobre la cama. Me sentí impotente e intenté gritar -declaró la chica-, pero Thaw me metió los dedos en la boca e intentó asfixiarme. Luego, sin ninguna provocación y sin la menor razón, comenzó a darme varios golpes fuertes y violentos con el látigo de piel de vaca".

Después estuvo en la cama durante tres semanas, y otros episodios similares se producirían antes del matrimonio. Era una de las manías de Thaw, como el hábito de la cocaína que había adquirido. Otras chicas habían recibido el mismo trato de su mano.

¿Por qué la corista se casó con un hombre con pasiones tan malévolas? Parte de la respuesta debe estar en el atractivo de los millones de los Thaw, amasados en ferrocarriles, carbón y coque. Hay pruebas de que su propia familia ejerció cierta presión sobre Evelyn, y no es difícil imaginar sus presiones: querida, tu buena apariencia no durará para siempre...

Stanford White apenas podía ofrecer protección. De hecho, parece haber colaborado con la familia de ella en la presión para que el matrimonio siguiera adelante. Sea cual sea el motivo, Evelyn Nesbit se casó con Harry Thaw el 4 de abril de 1905. Fue una gran boda de sociedad en la que la novia vistió de blanco a pesar de que se sabía que la pareja ya había cohabitado en Nueva York.

. . .

La pareja se instaló en la mansión de los Thaw en Pittsburgh, y si la propia familia del playboy no estaba muy contenta con el matrimonio, hicieron lo mejor que pudieron.

Fue Harry Thaw quien se volvió más y más desequilibrado. Se compró una pistola y se le vio posando con ella como un duelista en su dormitorio. El 25 de junio de 1906, poco más de un año después de su boda, llevó a Evelyn a Nueva York, donde cenaron juntos en el Café Martin antes de ir con unos amigos al Madison Square Garden para la inauguración de Mam'zelle Champagne. Stanford White llegó más tarde y tomó una mesa para él solo.

La deslucida actuación se prolongó durante algún tiempo antes de que Evelyn decidiera que era demasiado aburrida para soportarla. El grupo se levantó y se dirigió al ascensor.

De hecho, Evelyn llegó al vestíbulo antes de darse cuenta de que su marido no estaba en la fiesta.

. . .

Desarmado en el ascensor momentos después del tiroteo, Thaw explicaría al fiscal del distrito: "Le vi sentado allí, grande, gordo y sano, y allí estaba Evelyn, la pobre y delicada cosita, toda temblorosa y nerviosa".

Así habló el sádico. La familia Thaw iba a gastar cientos de miles de dólares no sólo en la defensa legal de su hijo, sino en campañas de prensa para desprestigiar a su víctima. White, por supuesto, presentaba un blanco fácil para la calumnia considerando su estilo de vida de pícaro. Pero Harry Thaw tampoco era un acusado prometedor. Su primer juicio por asesinato se inició en enero de 1907 y no terminó hasta unos cuatro meses después. El jurado llegó a un veredicto dividido. Siete declararon a Thaw culpable de asesinato en primer grado, pero cinco lo declararon inocente por razón de demencia.

Un año más tarde, en un segundo juicio, se hizo más hincapié en la cuestión de la locura. Se discutieron casos de desórdenes mentales en la familia Thaw; el encargado de un burdel describió los salvajes latigazos que el acusado había administrado a las jóvenes. En esta ocasión, el jurado logró un veredicto unánime. Después de 27 horas, votaron para que Harry Thaw fuera declarado inocente por razón de locura.

· · ·

Thaw fue internado en el Manicomio del Estado de Nueva York para criminales dementes. Y la historia podría haber terminado ahí de no ser por la riqueza y la energía de su familia, que presionó continuamente para que fuera liberado. De hecho, Thaw disfrutó de la libertad en 1913, pero no por decisión judicial. Una mañana de agosto se escapó del manicomio, subió a un coche que lo esperaba y se dirigió a Canadá en busca de refugio.

El Gobierno de los Estados Unidos ejerció una gran presión diplomática y el fugitivo se vio obligado a regresar al cabo de un mes. Fue encarcelado en Concord, New Hampshire, y finalmente enviado de vuelta a Nueva York. La familia Thaw, a través de sus abogados, hizo una campaña incansable para conseguir su liberación. Y al final ganaron. En julio de 1915, como resultado de otro juicio, Harry K. Thaw fue declarado cuerdo e inocente de los cargos que se le imputaban.

Fue una decisión extraordinaria. Evelyn se divorció inmediatamente de él y se fue a vivir su propia vida. Convertido en un hombre libre, Harry Thaw respondió a su buena suerte sólo unos meses después secuestrando y azotando cruelmente a un joven de Kansas City que había provocado su descontento. Declarado de nuevo demente, fue internado de nuevo en un manicomio. Una vez más, un tribunal determinó que estaba cuerdo y de nuevo, en 1924, fue liberado.

Harry Thaw murió de una enfermedad coronaria en Florida en febrero de 1947. Su caso había convertido a Nueva York en una babel de cotilleos, de rumores estridentes y de francas acusaciones. Pero no hay que ser especialmente cínico para creer que, al final, la voz más persuasiva de todas fue la del dinero.

El marido de Springheel se abalanzó sobre los amantes

Un iracundo marido se lanzó a la acción con una catapulta casera cuando vio que su mujer era abrazada por otro hombre. Hizo un trampolín con un tablón de Jong y dos neumáticos de coche y, tras una carrera, se lanzó por los aires. Se estrelló de cabeza contra la ventana de la cocina de la casa donde su mujer estaba siendo abrazada.

El Sr. Michael Garratt, fiscal, dijo al Tribunal de la Corona de Dudley, Worcestershire, que el marido cayó en el fregadero y se deslizó suavemente hasta el suelo.

Graham Street, de 21 años, de Rowley Regis, cerca de Dudley, se declaró culpable de causar daños por valor de 1,49 libras esterlinas en la ventana de la casa de Old Park Farm Estate, en Dudley. El juez W.R. Davison lo puso en libertad condicional durante dos años y le dijo que no volviera a "entregarse" a este tipo de "dramatismo amateur".

El Sr. John West, defensor, dijo que la única persona que resultó herida fue Street. No tenía intención de volver a interferir con su mujer.

¡Que le corten la cabeza!

Los reyes del pasado poseían armas de venganza que no estaban al alcance de los ciudadanos más humildes. Una reina que tenía amantes amenazaba la sucesión real.

El adulterio era una traición, y dos de las esposas de Enrique VIII fueron a la cárcel por el delito. Los casos de Ana Bolena y Catalina Howard fueron muy diferentes, pero se podría llamar a cada ejecución un crimen pasional judicial.

Ana Bolena no era, en términos convencionales, una mujer especialmente atractiva. Un contemporáneo la describió como una mujer de "mediana estatura, tez morena, cuello largo, boca ancha y pecho poco elevado". De hecho, declaraba el observador, la muchacha de Wiltshire tenía' poco que recomendar, salvo el apetito del rey, 'y sus ojos, que son negros y hermosos y causan gran efecto'.

Quizás esos ojos oscuros fueron los primeros que atrajeron a Enrique hacia ella. Ciertamente, le escribió algunas cartas de amor apasionadas que han sobrevivido como prueba de un verdadero enamoramiento. Enrique anuló su primer matrimonio con Catalina de Aragón para casarse con la inglesa Ana.

Y aunque la incapacidad de la primera reina para dar a luz a un heredero varón fue una razón clave para el divorcio, el amor de Enrique por Ana reforzó claramente su decisión.

. . .

Cuando el Papa se negó a aceptar el divorcio, se desencadenó la inmensa agitación de la Reforma inglesa. Y en cuanto a Enrique y Anne, casados en secreto en enero de 1533, su unión no fue un éxito. El ardor del rey no tardó en enfriarse tras el matrimonio y sus ojos volvieron a vagar. Aimé le dio una hija (la futura Isabel I) en lugar del hijo que deseaba. Un segundo hijo abortó y un tercero -un heredero varón- murió al nacer.

El niño nació muerto el 29 de enero de 1536. Y el infeliz acontecimiento parece haber puesto en marcha las ruedas de la venganza, pues el 2 de mayo, Ana Bolena fue enviada a la Torre acusada de adulterio.

Cuatro jóvenes cortesanos fueron citados como sus amantes: Sir Francis VVeston, Henry Norris, VVilliam Brereton y Mark Smeaton. Sin embargo, la acusación más sensacional fue la de que Ana había mantenido relaciones carnales con su propio hermano, lord Rochford; una acusación instigada por su rencorosa esposa. Todos, excepto Smeaton, protestaron su inocencia, y este último se confesó culpable. Todos fueron a la cárcel, y Smeaton declaró en el patíbulo que "merecía morir".

. . .

Ana, por su parte, se declaró insistentemente inocente. Cuando se enteró de las últimas palabras de Smeaton, estalló de pasión: "¿No me ha exculpado de esa vergüenza pública a la que me ha llevado? Me temo que su alma sufre por ello y que ahora es castigado por su falsa acusación'. Fue juzgada y condenada por unanimidad por un tribunal de 30 pares. La sentencia conllevaba una opción para Enrique: podía ser quemada viva o decapitada, según el deseo del rey.

Enrique, generoso en su misericordia, optó por la decapitación. Incluso hizo importar del continente una cuchilla especialmente afilada, ya que, como observó la reina con triste vanidad: "No tengo más que un pequeño cuello".

Ana fue al patíbulo el 19 de mayo, comportándose con valor y dignidad. Se dijo que nunca había aparecido más hermosa que en ese fatídico día. Sin dejar de profesar su inocencia, declaró graciosamente que el rey le había hecho muchos favores: primero al hacerla marquesa, segundo al hacerla reina, tercero al enviarla al cielo.

. . .

Es fácil imaginarla como una trágica víctima de las circunstancias. Sin embargo, su propio tío presidió el tribunal de pares que la declaró culpable.

Vieron pruebas que posteriormente fueron destruidas. Y nadie, ni siquiera su propia hija Elizabeth, trató posteriormente de recuperar su reputación. La confesión de Smeaton, el silencio de sus amigos y el juicio unánime de los pares tienden a sugerir que bien pudo haber sido una esposa infiel.

Sin embargo, el insensible arte de gobernar desempeñó claramente su papel en el asunto. El rey se hizo con un heredero varón y no lloró la muerte de su segunda esposa. Inmediatamente después de la ejecución, se le vio con un traje amarillo brillante y una pluma en la gorra. Y al día siguiente se comprometió con Jane Seymour, su tercera esposa. Ella moriría poco después de dar a luz al hijo varón que él tanto deseaba (el enfermizo Eduardo VI). La cuarta esposa, Ana de Cleves, no duró nada. Enrique sólo se casó con ella para llevar a cabo una alianza con Alemania, y la encontró tan fea a la vista que se divorció de ella inmediatamente. Fue entonces cuando la malograda Catalina Howard entró en su vida.

. . .

Catalina era la hija huérfana de un noble y galante soldado, y fue criada en la casa de su abuela, Agnes, duquesa de Norfolk. La muchacha era bonita, joven y vivaz y Enrique, que ya tenía 50 años, se enamoró apasionadamente de ella. La llamaba su "rosa sin espinas", y ella parecía venir fresca con toda la inocencia de la virginidad.

Desgraciadamente para todos los implicados, esto era una ilusión.

Catalina había cometido muchas indiscreciones juveniles. Y casi inmediatamente después de la boda, en julio de 1540, éstas llegaron a oídos de los consejeros del rey. Una antigua sirvienta de la casa de la duquesa de Norfolk había confesado la mala conducta de su hermana Catalina. El hermano, a su vez, se dirigió al arzobispo Cran111er. Al parecer, la reina no era virgen cuando se casó, y el relato de la criada era tan pintoresco como inquietante:

'Marry, hay un tal Francis Dereham, que fue criado también en casa de mi Lady Norfolk, que había estado en la cama con ella en su jubón y con sus medias entre las sábanas cien noches. Y había habido tales resoplidos y soplos entre ellos que una vez en la casa una criada que se acostó con ella me dijo que no se acostaría más con ella porque no sabía ni lo que significaba el matrimonio.'

. . .

O fue sólo Dereham quien se entretuvo con la rosa inglesa.

Un hombre llamado Mannock "conocía una marca privada de su cuerpo".

Este era un asunto incómodo. El propio Cranmer había organizado el matrimonio y su reputación estaba en juego.

Se dice que estaba "maravillosamente perplejo" sobre qué hacer con el informe y llamó a otros dos altos funcionarios del Estado que estaban igualmente preocupados. Decidieron que Cranmer debía informar al rey, incluso si la historia era sólo un chisme malicioso. El arzobispo agitó la cabeza, pero no se atrevió a hablar con su soberano en persona. En su lugar, presentó un informe escrito y esperó a que amainara la tormenta.

Enrique estaba indignado. Se negó a creerlo. Interrogó a Catalina sobre las acusaciones, y ella se mostró feroz en sus negaciones. Y aunque Enrique quería desesperadamente desmentirla, sus obligaciones le exigían reunir en secreto a un grupo de notables para investigar las acusaciones.

Dereham y Mannock, la sirvienta y su hermano, fueron rastreados e interrogados de cerca. Y cuando los diversos informes llegaron, el panorama se presentaba muy oscuro para Catherine.

Henry Mannock, por ejemplo, resultó ser un músico que admitió que 'solía tocar los secretos y otras partes de su cuerpo'. Francis Drreham parecía haber estado comprometido con Catalina en una ocasión, y confesó que la había conocido carnalmente 'muchas veces tanto en su jubón y medias como en la cama desnuda'.

También nombró a tres jóvenes que se habían unido a ellos en el atletismo de alcoba. Y dijo que Thomas Culpeppn, primo de la propia Catalina, era otro de sus amantes.

Enrique VIII - audaz azote del Papa y del monasterio- lloró como un niño cuando se enteró de la noticia. Durante algún tiempo estuvo tan abrumado por la emoción que las palabras le fallaron por completo. Él amaba la rosa inglesa y todavía se negaba a dar crédito a las historias. Pero era como un hombre que intenta cruzar un campo embarrado con botas de goma. A cada paso que daba, el fango seguía cargando sus pies.

A medida que avanzaban las investigaciones, quedó claro que prácticamente toda la casa de la duquesa de Norfolk había conspirado para mantener la castidad de Catalina.

Lady Jane Rochford (la rencorosa esposa del hermano ejecutado de Ana Bolena) fue informada de que había alentado los desvergonzados retozos de Catalina. También ella fue detenida e interrogada, y a su debido tiempo iría a la cárcel.

Todo esto debió ser muy amargo para la monarca engañada. Pero hasta ahora, todas las acusaciones se referían al comportamiento de Catalina antes del matrimonio.

Había algo peor, mucho peor por venir. Enrique lo descubrió después de la boda, Catalina había nombrado al lujurioso Dereham para un puesto en su casa real.

Había estado escribiendo algunas de las cartas de la Reina para ella - habían estado juntos a solas en su alcoba sin la presencia de sirvientes u otros miembros de la casa.

¡Adultera! El hechizo de la incredulidad del rey se rompió y mandó arrestar formalmente a Catalina. Al ser interrogada, persistió en su negación hasta que se vio confrontada con el montón de confesiones de varios amantes y sirvientes. Ante sus sinceras declaraciones, se derrumbó y admitió su impudicia juvenil ante el arzobispo. Sin embargo, seguía manteniendo que había sido fiel como esposa.

La confesión de la reina fue suficiente para sellar los destinos de los principales hombres del caso. Culpepper, un hombre de nacimiento noble, fue decapitado. Dereham y Mannock, ambos de baja condición, fueron ahorcados y descuartizados. Varios miembros de la familia Howard y de la casa fueron arrestados por el cargo de encubrimiento de traición, es decir, por ocultar su conocimiento de la intención de engañar al rey.

La pobre y desdichada Catalina era ahora acusada de adulterio. Pero aún así, el angustiado rey y sus angustiados consejeros se resistían a actuar con decisión.

. . .

El Lord Canciller, por ejemplo, pidió a los Lores un retraso en el proceso del juicio. La reina, se dijo, debía tener la oportunidad de exculparse de la acusación. Los Lores aceptaron de buen grado la propuesta. Pero al cabo de un par de días, los propios Consejeros Privados del rey presionaron para que se adoptara una resolución rápida. Sin embargo, añadieron una cláusula que dice mucho del miserable estado de ánimo de Enrique. Declararon que no era necesario que el rey asistiera al Parlamento para evaluar las pruebas, sino que sólo tenía que firmar los documentos cuando se dictara la sentencia. Esta inusual disposición se sugirió porque "la triste historia y los malvados hechos, si se repitieran ante él, podrían renovar su dolor y poner en peligro la salud de Su Majestad".

Enrique aceptó la propuesta, lo que debió suponer un gran alivio para los Lores. Ahora podrían decir lo que pensaban libremente sin que su impetuoso soberano les mirara con desprecio desde su barba. Como en el caso de Ana Bolena, las actas del juicio fueron posteriormente destruidas. Pero parece que Catalina confesó "el gran crimen del que había sido culpable contra el altísimo Dios y el bondadoso Príncipe y contra toda la nación inglesa". No pidió clemencia para sí misma, sino sólo para los amigos y parientes que habían estado implicados con ella.

. . .

Catalina Howard fue decapitada en Tower Hill el 13 de febrero de 1542. No sabemos cómo afrontó su final.

Pero sí sabemos que el rey no llevó más ninfas juguetonas al altar. Al año siguiente se casó con la paciente y maternal Catalina Parr -su sexta esposa-, que posteriormente consiguió sobrevivirle.

El caso de la esposa sin cabeza

Tenía todos los ingredientes de una historia de terror gótico. Incluían el cuerpo en descomposición de la bella esposa, los besos entregados por su marido al cadáver, la cabeza cortada guardada como recuerdo. La historia debería haber estado ambientada en algún castillo oscuro y siniestro. Pero no fue así. El drama se desarrolló en el tranquilo West Wycombe; fue un crimen para la década de 1980.

Michael Telling, de 34 años, era miembro de la riquísima familia Vestey, responsable de la cadena de carnicerías Dewhurst. Su primo segundo era lord Vestey, multimillonario y amigo de la realeza que jugaba al polo. En términos de ventajas materiales, Telling disfrutaba de inmensos privilegios. Al ser beneficiario del Vestey Trust, recibía 1.200 libras esterlinas al mes en concepto de dinero de bolsillo, además de pagar todas sus facturas y tarjetas de crédito.

Podía permitirse todos los juguetes caros que deseaba: coches rápidos, motos, armas y equipos de música.

Los millones de Vestey le pagaban vacaciones por todo el mundo. Pero no podían pagar la única cosa que Telling necesitaba. El dinero nunca compró el amor.

Había tenido una infancia miserable. Su padre era un alcohólico agresivo que perseguía a su madre embarazada blandiendo espadas. La propia madre iba a testificar que había rechazado a su hijo. A una edad temprana, Michael fue enviado a un internado y allí, siendo un niño enfermizo, fue intimidado sin piedad. Cuando reaccionaba robando, provocando incendios y haciendo novillos, era golpeado por el personal.

. . .

Se convirtió en un niño problemático: emocionalmente perturbado y apenas controlable en sus acciones. Expulsado en dos ocasiones, acabó acudiendo a una escuela especial para niños inadaptados, además de ingresar en un hospital psiquiátrico. En su casa se mantuvo alejado de la familia y fue criado por niñeras e institutrices. A los nueve años ya bebía jerez y fumaba mucho. Guardaba cuchillos en su habitación y una vez amenazó a su madre con una navaja.

A partir de esta infancia naufragada entró en la vida adulta.

En 1978, Michael Telling se casó con su primera esposa, Alison, de 18 años, a la que había conocido en Australia.

La pareja tuvo un hijo, pero la relación no iba a durar. Telling era un "cobarde incapaz de enfrentarse a sus responsabilidades", diría ella. En 1980 viajó a Estados Unidos para comprar su último juguete, una moto Harley-Davidson. Mientras probaba su nueva máquina en Sausalito, cerca de San Francisco, se detuvo en un semáforo y entabló una conversación con el señor y la señora Zumsteg. Le propusieron conocer a su hija, Monika.

. . .

A los tres días del encuentro, ya se acostaba con Monika. Y poco después de su regreso a Inglaterra, informó a su esposa de que había encontrado a otra mujer. En 1981, se acordó el divorcio. Menos de un mes después, Michael Telling se casó con Monika Zumsteg.

En el juicio se habló mucho de su novia. En un periódico1 se dijo que Monika era una "Buscadora de oro loca por el sexo", y ciertamente vivía su vida en el carril rápido.Monika conducía un Pontiac Firebird y bebía benedictina y naranja para desayunar. Consumía cocaína, heroína y marihuana. En su bolso llevaba una pistola y un vibrador.

La pareja vivía en la opulenta Lambourn House, en West Wycombe, Buckinghamshire. Los artículos de lujo incluían una bañera de hidromasaje en el césped donde Monika retozaba con los invitados a la fiesta desnudos. Su marido solía quedarse al margen, bebiendo.

Ella decía que sólo le servía el dinero. En frecuentes ocasiones, ella menospreciaba públicamente sus esfuerzos sexuales, presumiendo ante él de sus propios amantes, tanto masculinos como femeninos.

Cuando el matrimonio llegó a su espantoso final, los vecinos confirmaron las historias: Richard Richardson, por ejemplo, era un trabajador ocasional y amigo de los Telling. Dijo que Monika le dijo que no tenía intención de hacer una vida con su marido y que "lo único que quería era su dinero". En una ocasión, le dijo a Richardson que "yo podría f ... a cualquier hombre, a cualquier mujer, mejor que cualquier hombre.

Hombre o mujer - voy con cualquiera'. Parecía sentir un placer vengativo al humillar a su marido. Richardson había estado presente en una ocasión en la que Monika había ordenado a Telling que hiciera café, gritando: "Mueve el puto culo. Haz el café". Telling le rogó que no hablara así y le pasó cariñosamente besos por el brazo. En otra ocasión, la pareja se peleó jugando en la cocina. Monika aprovechó para darle un rodillazo a Telling en la ingle. 'Se quedó blanco, pero no dijo nada'. Él adoraba el suelo que ella pisaba", dijo Richardson, "pero ella no mostraba ningún afecto.

. . .

Dijo que sólo se quedaría con él dos años para sacarle dinero". Telling tenía que visitar a su hijo a escondidas porque Monika lo desaprobaba, diciendo que el chico era horrible y que lo odiaba.

La primera esposa de Telling, Alison, contó una historia muy parecida. Una vez, Monika la visitó en su casa, llevando una botella de ginebra y una cacatúa. Fumó cannabis, bebió Drambuie y tomó cuatro o cinco pastillas. Se quejó a Alison de que Michael no era bueno en la cama, diciendo que no quería el divorcio hasta que no consiguiera algo de su dinero.Monika dijo que estaba dispuesta a quedarse embarazada y volver a Estados Unidos con el bebé para conseguir el dinero.

Una vez la vio jugueteando semidesnuda con otra mujer en el suelo del salón, pero en su noche de luna de miel en el hotel Hyde Park de Londres se negó a tener relaciones sexuales con su marido. De hecho, prohibió por completo el sexo con Tdling durante los últimos siete meses de su vida.

Monika estaba condenada a convertirse en la Esposa sin Cabeza. Nunca tuvo la oportunidad de defenderse de estas acusaciones en los tribunales. Pero su padre afirmó que las historias eran escandalosas: "Ciertamente no era una santa, pero no era para nada como la pintaban. A veces era demasiado frívola, como cuando le dijo a un vecino que era AC/DC. Es el tipo de cosas que diría para reírse. Monika era una mujer de gran inteligencia, amable y llena de sensibilidad".

Sea cual sea la verdad, la relación parece haberse basado en una combinación desastrosa de personalidades.

A ella le gustaba la vida rápida y él necesitaba el amor. Y los sucesivos episodios ilustran cómo el matrimonio se dirigía a la calamidad. En 1982, Monika se sometió a un programa de Alcohólicos Anónimos. Telling, por su parte, se somete a un tratamiento en un hospital psiquiátrico. Afirmaba que Monika había intentado atropellarle con un coche y le había atacado con un látigo. Pero también admitió que a veces tomaba represalias, y que la había agredido en cuatro ocasiones durante sus 7 meses de matrimonio.

El terrible clímax llegó el 29 de marzo de 1983. Según el relato de Telling, ella soltó una perorata en el salón, gritando que debían enviarlo a un hospital psiquiátrico. Las burlas acabaron por destrozar su personalidad de cáscara de huevo. Se abalanzó sobre mí. Pensé que iba a atacarme, así que cogí el rifle y le disparé".

. . .

El arma en cuestión era una escopeta de caza Marlin 30-30, y le disparó tres veces. La hirió en la garganta y en el pecho.

'La besé entonces y le dije que lo sentía. Pero sabía que estaba muerta'.

Si el caso hubiera terminado ahí, habría sido suficientemente sensacional. Lo que ocurrió después lo convirtió en una historia de terror casi increíble.

Telling dejó el cuerpo durante dos días donde estaba antes de llevarlo a un dormitorio: "Iba a verla todos los días y la besaba a menudo". También habló con el cadáver mientras yacía en una cama del campamento. Finalmente, arrastró el cuerpo hasta una casa de verano, un edificio medio convertido en sauna. Y allí permaneció durante cinco meses.

El Sr. Telling dijo a sus amigos que Monika le había dejado para volver a su América natal. Como "protección" para sí mismo, instaló un elaborado sistema de seguridad en su casa, e incluso contrató a detectives privados para encontrar a su mujer.

. . .

Durante este periodo, mientras el cuerpo de Monika yacía en descomposición en Lambourn House, Telling comenzó a ver a una antigua amiga llamada Sra. Lynda Blackstock. Ella pasó tres o cuatro noches en su casa, y él intentó cortejarla en su dormitorio. Pero no pudo hacer el amor con éxito. Me contó todo sobre Monika", dijo ella. Me dijo que era alcohólica, drogadicta y lesbiana. Michael me dijo que ella había vuelto a casa, a los Estados Unidos, y que él se alegraba". En el juicio, le preguntaron: "¿No hubo ningún indicio de que Monika yacía muerta en el mismo edificio que usted visitaba?"

Sra. Blackstock: "Definitivamente no".

Otra novia reciente, la señora Susan Bright, divorciada, también se acostó con Telling después de que éste hubiera matado a su esposa. Se acostó con él varias veces y la pareja salió a comer junta. Dijo: "Era muy hablador, aunque parecía muy nervioso... Le pregunté si había tenido noticias de Monika y me dijo que creía que estaba en Estados Unidos".

En septiembre de 1983, Telling alquiló una furgoneta y se dirigió a Devon con el cadáver. En Telegraph Hill, a las afueras de Exeter, cortó la cabeza de Monika con un hacha. Se deshizo del cuerpo sin cabeza, pero no pudo soportar separarse de ella. En cambio, la llevó y la escondió en el maletero cerrado de su Mini en el garaje. La guardó allí envuelta en plástico.

Dos días después, un hombre de Devon tropezó con el cuerpo sin cabeza. Aunque ya estaba muy descompuesto, todavía llevaba una camiseta marroquí distintiva. Y aunque había sido decapitado, se encontraron en el lugar un trozo de pelo y unos cuantos dientes.

El espantoso descubrimiento apareció en las noticias nacionales, y el interés de la Sra. Richardson se despertó.

Sabía que Monika había comprado una camiseta similar, y no se sorprendió cuando Telling le confesó que había matado a su mujer: "Está en la sauna, apesta".

Aunque la señora Richardson no le creyó, acabó informando a la policía. En ese momento, Monika no era más que una de las muchas jóvenes desaparecidas que se ajustaban vagamente a la descripción reconstruida a partir de los restos. Pero los análisis dentales de los pocos dientes encontrados revelaron que la víctima había sufrido un trastorno de las encías. Monika había sido operada recientemente de una infección en las encías. Los detectives de Devon fueron a la casa de West Wycombe y encontraron el cráneo de la mujer muerta en el Mini. Exactamente una semana después de que el cuerpo wa$ descubierto, Michael Telling fue arrestado.

Confesó el asesinato a la policía. Al preguntarle por qué le había disparado, respondió: "Hubo 101 razones. No puedo explicarlo. Ella no dejaba de presionarme. Al final, me he vuelto loco. Era horrible en muchos sentidos'.

Horrible en muchos sentidos, la frase podría servir de epitafio en todo el caso. Al preguntarle por qué le había cortado la cabeza, Telling respondió: 'No quería que la identificaran por mi familia. Incluso cuando murió quería que estuviera conmigo". El caso fue juzgado en el Tribunal de la Corona de Exeter en junio de 1984. Se declaró inocente de asesinato, pero culpable de homicidio por responsabilidad disminuida. La prensa, por supuesto, tuvo un día de campo. "LAS AMIGAS CUENTAN EL SEXO EN LA CASA DEL HORROR" - "SESIONES SEXUALES MIENTRAS EL CUERPO YACÍA CERCA", decían los titulares. El público se enteró de que Telling había llevado a la Sra. Bright a una comida china en High Wycombe sólo 24 horas después de haber cortado la cabeza de su esposa.

Si la prensa se centró en los detalles extraños y macabros, la discusión en la sala giró en torno al estado mental de Telling. Nadie negó que el acusado hubiera matado a su esposa; él mismo aportó la mayoría de los detalles. La cuestión en disputa era si era responsable de sus actos.

La acusación solicitó un veredicto de asesinato. Se centró en el "asombroso catálogo" de truculentas medidas a las que llegó Telling para evitar ser descubierto. Le dijo a un psiquiatra que la semilla del crimen se plantó cuatro días antes del suceso. En la noche anterior al asesinato, la hora y el método fueron, supuestamente, decididos. A pesar de su anormalidad mental, este hombre está decidido a matar a su mujer. Podría haber evitado hacerlo si lo hubiera deseado'.

Después, para ocultar el crimen, utilizó la tarjeta Cashpoint de su mujer hasta dejar la cuenta casi vacía, dando la impresión de que ella seguía viva. Contrató a los detectives privados.

. . .

Hizo un "elaborado simulacro" de ir de acampada cuando viajó a Devon para deshacerse del cuerpo. En cuanto a la cabeza, según la acusación, no se la llevó a casa para recordarla, sino para evitar la identificación del cadáver.

Frente a todo este aparente cúmulo, se encontraba el testimonio de psiquiatras, amigos y familiares. La defensa hizo hincapié en la personalidad mutilada y desordenada del acusado.

La madre de Telling, de pelo gris, compareció en el estrado y describió cómo un niño había sido testigo de violentas discusiones entre ella y su padre alcohólico. Contó cómo corría desnudo hacia la carretera delante del tráfico; cómo intentó suicidarse en dos ocasiones. Reconoció que su hijo era un niño privado de afecto: "Muchos de los problemas de Michael provienen de su infancia muy solitaria e infeliz".

Telling se mantuvo en el banquillo de los acusados mientras su madre declaraba, y retrasó la vista 15 minutos tras pasar una nota a sus abogados pidiendo un aplazamiento. La nota estaba redactada de forma extraña y con faltas de ortografía: "Sacad a mamá de este horrible juicio o me levantaré y dejaré que el maldito fiscal oiga lo que pienso".

También se sintió visiblemente conmovido cuando un antiguo compañero de colegio entró en el palco "por un sentimiento de culpa" tras leer los informes del periódico. El hombre, Bertram Lilley, describió el cruel acoso que había sufrido Telling: antes de que los chicos le dejaran participar en un juego, le hacían rodar en un parche de ortigas hasta que parecía "una gran ampolla". Incluso entonces no podía jugar porque estaba demasiado malherido.

Los padres de Lilley vivían entonces en África y él pasó una vez un semestre en casa de los Telling. Había más amor, dijo, a través de los muchos kilómetros hasta África "que a través del salón de esa casa".

Telling estuvo a punto de llorar mientras se daba el testimonio. Por lo demás, seguía siendo un enigma: ligeramente calvo, vestido con rayas de Savile Row y prestando una atención exagerada al juicio. Un psiquiatra describió cómo las burlas sexuales de Monika y su prohibición de hacer el amor habrían sido humillantes y angustiosas incluso para un hombre normal. Pero Telling no era normal; no sabía cómo afrontarlo. Su responsabilidad estuvo "sustancialmente afectada" durante todo el tiempo que duró el asesinato.

El juez, al resumir, recordó al tribunal que la psiquiatría no es una vida exacta, Michael Telling debía permanecer bajo custodia hasta que los responsables consideraran que era "seguro y apropiado" ponerlo en libertad.

Bunkum con mayúsculas

Los médicos más infames en los anales del crimen fueron generalmente astutos envenenadores. El caso del Dr. Ruxton fue diferente. Es cierto que utilizó sus conocimientos médicos en un grado espantoso para tratar de encubrir su atrocidad. Pero todos los hechos indican que el asesinato en sí mismo fue un impulso llevado a cabo en un estado de gran emoción. Ni la ciencia ni el sigilo contribuyeron al acto inicial: el suyo fue un crimen pasional.

Nació en Bombay con el nombre de Bukhtyar Rustamji Ratanji Hakim y se licenció en su país natal. Al trasladarse a Inglaterra, se licenció en Medicina en Londres.

Tras cursar estudios en Edimburgo, empezó a ejercer en Lancaster en 1930. En esa época cambió su nombre por el de Dr. Buck Ruxton.

Con él llegó a Londres Isabella, una mujer casada de Edimburgo. Su marido se divorció de ella cuando siguió al doctor. Y aunque Isabella nunca se casó con el doctor Ruxton, vivió con él como su esposa. También le dio tres hijos, y todos la conocían simplemente como la señora Ruxton. Vivían con los niños en el número 2 de Dalton Square, Lancaster. El médico estaba muy bien considerado en su profesión y era muy querido por todos sus pacientes.

Esto era así a pesar de que el médico y su "esposa" tenían una relación intensamente emocional. La pareja discutía sin cesar y a menudo llegaba a las manos. Pero siempre se reconciliaban después. En el juicio, los pacientes debían recordar cómo la Sra. Ruxton entraba corriendo en la consulta de su marido y le abrazaba con urgencia para lograr la reconciliación.

Sin embargo, las peleas eran algo más que simples riñas. Ruxton solía amenazar a su mujer y una vez le puso un cuchillo en la garganta. En dos ocasiones se llamó a la policía, pero la señora Ruxton nunca presentó cargos. En general, parece haber dado lo mejor de sí misma. Éramos el tipo de personas que no podían vivir el uno con el otro y no podían vivir el uno sin el otro", admitió el médico. Una vez, la Sra. Ruxton intentó suicidarse para tratar de escapar de los lazos que los unían. Y en 1934 huyó a su hermana en Edimburgo con la intención de una ruptura definitiva. Sin embargo, Ruxton la siguió y la convenció de que volviera con él y con sus hijos.

La raíz del problema parece haber sido los celos obsesivos de Ruxton. Constantemente acusaba a su esposa de infidelidad, quejándose en una ocasión de que se comportaba como una vulgar prostituta. Sus morbosas sospechas carecían por completo de fundamento, pero los celos se alimentan de sucesos fortuitos y coincidencias insignificantes.

Las cosas llegaron a un punto crítico en el otoño de 1935, cuando Ruxton se convenció de que ella tenía una aventura con un joven empleado de la ciudad llamado Robert Edmondson.

El 7 de septiembre, la familia Edmondson viaja a Edimburgo. Su grupo incluía a Robert, su hermana y sus padres. Y acordaron llevar también a la Sra. Ruxton para que visitara su ciudad natal.

Ruxton, lleno de sospechas, abandonó su consulta y los siguió en un coche de alquiler. Descubrió que su mujer se alojaba en el mismo hotel que la familia, en lugar de hacerlo con su hermana como estaba previsto. Fue por una razón perfectamente inocente, pero de vuelta en Lancaster, Ruxton iba a despotricar durante días contra su mujer por su supuesta relación.

El 14 de septiembre, el fin de semana siguiente, la Sra. Ruxton hizo otra excursión irreprochable. Cogiendo el Hillman del médico, se dirigió a Blackpool como hacía una vez al año para ver las iluminaciones con sus hermanas.

Salió del centro turístico a las 23.30 horas de esa noche, con la intención de volver al día siguiente.

Pero nunca volvió a Blackpool. De hecho, después de volver a Dalton Square en el coche, nunca más volvió a "encajar en ningún sitio". Es decir, no de una pieza.

. . .

Se sabe que llegó a la casa porque Ruxton utilizó el Hillman el día siguiente y en el período que siguió. También se sabe que el médico estaba en la casa con sus tres hijos y la criada, Mary Rogerson. Los niños eran todos menores de cinco años; Mary Rogerson tenía 10 años. Pero no pudo dar cuenta de lo que ocurrió esa noche, pues MaryRogerson desapareció con la señora Roxton. La siguiente vez que alguien, salvo el médico, vio a las dos mujeres apenas se las podía identificar: no eran más que trozos desmembrados de hueso, tejido y piel envueltos en paquetes ensangrentados.

La historia surgió en el juicio. Hay que suponer que Ruxton esperaba en un ambiente de frenética sospecha. Ruxton mató a su mujer con un instrumento afilado, y Mary Rogerson sin duda lo vio todo. Ella también tuvo que morir y después comenzó la espeluznante tarea de destruir las pruebas.

Por lo que se sabe del carácter de Ruxton, la angustia, el remordimiento -y la preocupación por sus hijos- debían correr por sus venas. Pero se puso a trabajar como un troyano en los cuerpos de las dos mujeres y en el reguero de sangre que había por todas partes.

. . .

Probablemente trabajó toda la noche mientras los niños dormían, y todavía quedaba mucho por hacer.

Una de las amenazas de la familia: la Sra. Oxley, debía llegar a las 07:00 horas del Domingo por la mañana. A las 06.30, se preparaba para salir de su casa, cuando el Dr. Ruxton apareció en su puerta. Fue sorprendido el Sr. Oxley quien abrió la puerta, con su esposa de pie no muy lejos de él. Ambos escucharon claramente lo que dijo Ruxton: "Dígale a la señora Oxley que no se moleste en bajar esta mañana. La señora Ruxton y Mary se han ido de vacaciones a Edimburgo y yo me llevo a los niños a Morecambe. Pero dile que venga mañana".

En el juicio, Ruxton negó haber estado en casa de los Oxley.

Al volver a casa, Ruxton preparó el desayuno de los niños.

Recibió los periódicos del domingo y a las repartidoras de leche observando que parecía estar protegiendo una mano herida. En una breve excursión en el Hillman compró un tanque lleno de gasolina y dos galones de repuesto además.

Cuidando su mano herida, Ruxton estuvo ocupado todo el domingo. Una paciente se presentó en Dalton Square con un niño que necesitaba tratamiento.

Ruxton pospuso la cita, diciendo que estaba ocupado levantando alfombras porque los decoradores debían llegar a la mañana siguiente, Al mediodía, pidió a un vecino que cuidara de sus hijos durante la tarde, diciendo que su esposa se había ido con Mary a Escocia y que él se había cortado la mano abriendo una lata de fruta en el desayuno.

Aquella tarde trabajó sin descanso en la casa hasta dejarla más o menos presentable. Entonces, a las 16.30, llamó a una amiga y paciente, la señora Hampshire, para preguntarle si le ayudaría a preparar la casa para los decoradores. Cuando llegó, la casa estaba en un estado extraño. Se habían levantado las alfombras de las escaleras y del rellano, y había paja esparcida por todas partes. Incluso sobresalía por debajo de las dos puertas de los dormitorios principales, que estaban cerradas con llave y permanecieron así toda la noche.

. . .

En una habitación había un traje manchado de sangre; en el patio trasero había alfombras manchadas de sangre. Ruxton le preguntó si sería tan amable de limpiar el baño. Estaba sucia, con una sucia mancha amarilla que se extendía a lo alto del interior de la bañera. En el juicio, Ruxton iba a alegar que todas las marcas de sangre procedían de la herida gravemente cortada en su mano. Pero había una gran cantidad de sangre y, intimidada por la magnitud de la tarea, la Sra. Hampshire preguntó si podía pedir ayuda a su marido. Ruxton aceptó y la limpieza se prolongó hasta las 21.30 horas.

Como recompensa por su trabajo, Ruxton ofreció a la pareja el traje y las alfombras manchadas, que se llevaron al marcharse.

Es de suponer que los cuerpos estaban en los dos dormitorios cerrados. Sin duda, el médico no estuvo ocioso esa noche. Y debió de tener un temor persistente por las prendas manchadas que había regalado a los Hampshire, porque el lunes por la mañana, a primera hora, fue a su casa y pidió que le devolvieran el traje. Se quedó allí, desaliñado y sin afeitar, explicando que quería enviarlo a la tintorería.

. . .

La Sra. Hampshire insistió en que no tenía inconveniente en llevarlo a limpiar ella misma. Ruxton le exigió entonces que le quitara la etiqueta con el nombre, alegando que sería impropio de su marido ir por ahí llevando un traje con el nombre de otro hombre. Ruxton le exigió que le quitara la etiqueta, alegando que sería impropio que su marido llevara un traje con el nombre de otro hombre.

Después, miró el traje y encontró el chaleco tan manchado que también lo puso en las llamas. En cuanto a las alfombras, ella iba a testificar: 'La cantidad de sangre en la tercera alfombra era terrible. Todavía estaba húmeda donde estaba la sangre, y no había estado fuera en la lluvia. Puse la alfombra en el patio trasero y le eché unos 20 o 30 cubos de agua para intentar lavar la sangre, y el color del agua que salía era como la sangre.

La tiré en el tendedero y la dejé secar, y cuando llegó el día de la colada volví a intentarlo con el cepillo de jardín y el agua, y seguí sin poder quitar la sangre congelada".

En la semana siguiente, el médico mantuvo el fuego día y noche en su propio patio. Llamó a los decoradores. Y cuando las charlatanas se quejaban de olores extraños en la casa, él respondía rociando agua de colonia. A los vecinos, Ruxton les dio versiones variadas e incoherentes sobre el motivo de la ausencia de la Sra. Ruxton y Mary. A uno de ellos le confió, sollozando y agitado, que la pareja había ido a Londres, donde su esposa se había fugado con otro hombre. Pero los padres de Mary, los Rogerson, no se dejaron convencer fácilmente. Finalmente, Ruxton les dijo que su hija estaba embarazada y que eso explicaba su marcha. El Sr. Rogerson no se dejó intimidar. Amenazó con pedir a la policía que encontrara a su hija.

En algún momento (probablemente el jueves 19 de septiembre) Ruxton debió conducir hasta Escocia. Diez días más tarde, exactamente dos semanas después de la desaparición de las mujeres, se descubrió el primer paquete gri:lly.

Una mujer lo encontró junto a un puente cerca de Moffat, en la carretera de Carlisle a Edimburgo. Vio lo que parecía ser un brazo humano que sobresalía de un bulto envuelto a la orilla del agua. Horrorizada, llamó a su hermano, que a su vez llamó a la policía.

El agente encontró cuatro fardos: "una blusa que contenía dos brazos y cuatro trozos de carne; una funda de almohada que contenía dos huesos de brazo, dos huesos de muslo, dos huesos de pierna y nueve trozos de carne; parte de una sábana de algodón que contenía 17 trozos de carne; y otro trozo de sábana que contenía la parte del pecho de un tronco humano y las partes inferiores de dos piernas".

Más paquetes iban a aparecer a su debido tiempo. La policía determinó que en los paquetes se habían mezclado trozos de dos cuerpos distintos. Pero se habían eliminado algunos rasgos distintivos: algunos dientes, ojos y extremos de los dedos (presumiblemente para evitar la identificación de las huellas dactilares). De hecho, durante la primera investigación, la extirpación quirúrgica de varios órganos hizo imposible descubrir el sexo de las víctimas. La policía comenzó anunciando que creía que los cuerpos eran de un hombre y una mujer.

La lectura de esta noticia en su periódico parece haber dado a Ruxton algunos raros momentos de buen humor. En un estado de ánimo jovial, le dijo a una de las charlatanas: 'Así que ya ve, señora Oxley, son un hombre y una mujer, no son nuestros dos'. En otra ocasión: "Menos mal que el otro en el caso Moffat era un hombre y no una mujer", o la gente estaría diciendo que había asesinado a su esposa y a Mary.

. . .

Pero la policía ya había relacionado los cuerpos de Moffat con la ciudad natal del médico. Uno de los fardos estaba envuelto en un ejemplar del Sunday Graphic del 15 de septiembre (la mañana del asesinato). Se trataba de una edición especial que sólo se vendía en Morecambe y Lancaster.

El 9 de octubre, los Rogerson denunciaron la desaparición de su hija. También ese día, Ruxton preguntó a la señora Hampshire qué había hecho con respecto a la demanda: 'Haz algo al respecto', insistió. Quítalo de en medio.

Quémalo". El 14 de octubre, el médico fue detenido e interrogado largamente. En la madrugada del día siguiente fue acusado del asesinato de Mary. Advertido, protestó: "Rotundamente no, por supuesto que no. Es la cosa más alejada de cualquier mente. ¿Qué motivo y por qué? ¿De qué está hablando? Unos días más tarde se le acusó también del asesinato de su esposa, y fue por esta acusación por la que se le juzgó en el juicio de Manchester.

La identificación precisa de los dos cuerpos siguió siendo problemática para las autoridades.

. . .

El asunto se convertiría en una especie de libro de texto de la historia médico-criminal.

Un equipo de patólogos y anatomistas encajó su sombrío rompecabezas de restos, demostrando que la edad y el tamaño de las mujeres desaparecidas coincidían aproximadamente con los de los Cuerpos I y II. Pero los rasgos clave habían sido eliminados. Por ejemplo, la Sra. Ruxton tenía dientes prominentes y éstos habían sido retirados. La Srta. Rogerson tenía un estrabismo: los ojos habían sido sacados de sus cuencas. Sin embargo, fue posible identificar el cuerpo de Mary por sus huellas dactilares. Y la Sra. Ruxton fue identificada cuando una fotografía superpuesta a la Cabeza II coincidía exactamente.

Se demostró que el médico había recibido la edición local del Sunday Graphic del 5 de septiembre. Además, la sábana de lino en la que estaba envuelto un bulto era la compañera de una sábana individual dejada en la cama de la señora Ruxton.

El doctor causó una impresión miserable en el banquillo de los testigos. Negó con vehemencia los testimonios de sus damas de compañía y de sus vecinos, afirmando, por ejemplo, que nunca visitó a los Oxley y que nunca pidió a la señora Hampshire que quemara el traje. Su propio relato de sus movimientos era profundamente inverosímil y sus modales, lamentables y arrogantes. A veces sollozaba y se ponía histérico; otras veces se ponía grandilocuente. Una vez, cuando se le acusó de asesinar a su esposa y de deshacerse del testigo, respondió: "Eso es una absoluta tontería con B mayúscula".

Un veredicto adecuado para sus propios intentos desesperados de exculparse. Ruxton fue declarado culpable y, al fracasar la apelación, fue ahorcado en la prisión de Strangeways. La fecha fue el 12 de mayo de 1936. Poco después se publicó su propia confesión, una nota redactada en el momento de su detención:

Maté a la Sra. Ruxton en un arrebato porque pensé que había estado con un hombre. Estaba loco en ese momento. Mary Rogerson estaba presente en ese momento. Tuve que matarla.

Había sido uno de esos casos que rondan la imaginación del público, y en las calles y los patios de recreo los niños coreaban su propio resumen en rima:

Manchas rojas en la alfombra, manchas rojas en el cuchillo, Porque el Doctor Buck Ruxton había asesinado a su esposa. La criada lo vio y amenazó con contarlo, así que el Doctor Buck Ruxton la mató también.

La vida amorosa de la familia Médicis

La gran familia de los Médicis, comerciantes y banqueros de Florencia, es recordada tanto por su eminencia política como por su abundante mecenazgo de las artes. Su vida amorosa, sin embargo, dejó mucho que desear.

Por ejemplo, Cosme I, Gran Duque de Toscana. Envenenó cruelmente a su infiel esposa, Leonor de Toledo, después de haber matado a su amante. Se dice que más tarde Cosme se regocijó del brutal doble asesinato, jactándose abiertamente de que "matar al toro primero y a la vaca después hacía que el sacrificio fuera más placentero". El propio Cosme disfrutó de los favores de su propia hija, la bella e inteligente Isabella, y el artista Vasari fue testigo de su incesto mientras pintaba un techo en el Palazzo Vecchio. El artista Vasari fue testigo de su incesto mientras pintaba el techo en el Palazzo Vecchio, y hubo un momento oscuro cuando Cosimo recordó de repente que el pintor podía estar trabajando, y subió al andamio puñal en mano. Pero Vasari, prudentemente, se hizo el dormido y se libró del asesinato.

. . .

Isabel estaba casada con el duque de Bracciano. Sin embargo, mantuvo una relación ilícita con Troilo Orsini, uno de los guardaespaldas de su marido. Cuando su amante la dejó embarazada, huyó a Francia, pero allí fue localizado por los hombres de Bracciano y asesinado. Isabella buscó la protección de su cariñoso padre Cosimo, que la acogió a ella y a su hijo ilegítimo. Bracciano no se atrevió a vengarse inmediatamente de su esposa. Sin embargo, poco después de la muerte de Cosimo, Bracciano atrajo a Isabella a su finca de Cerreta, donde la estranguló el 16 de julio de 1576.

Terror gótico

Lord Bernage de Sivray, novio principal de Carlos VIII de Francia en el siglo XV, fue testigo de un lamentable espectáculo mientras ejercía de embajador en Alemania. Allí se podía ver a una noble dama por las noches bebiendo de un cráneo humano.

Era el cráneo de su amante. La desdichada mujer fue obligada a sorberlo por su vengativo marido, que había asesinado al malhechor.

. . .

El gusano que giraba

Los franceses tienen una expresión muy útil para describir a un determinado tipo de marido en una disputa amorosa. El término es mari complaisant (marido complaciente) y se refiere a un hombre que es perfectamente consciente del adulterio de su mujer pero que lo consiente dócilmente. Es una figura divertida en la ficción y el folclore franceses, y se repite una y otra vez en casos de la vida real.

Uno de ellos fue René de Villequier, eminente noble de la corte de Enrique III. Durante unos quince años toleró las infidelidades de su esposa Francoise de la Marek. Estaba al corriente de la vida que llevaba, le reprendía de vez en cuando, pero también aprovechaba sus apetitos para servir a su propia carrera política.

Asistiendo a la corte de Poitiers en la mañana del 1 de septiembre de 1577, de Villequier entró en la habitación de su esposa y, tras unirse a ella entre las sábanas, bromeando y riendo con ella, le dio cuatro o cinco puñaladas. Llamó a uno de sus hombres para que la rematara. Después, tras apuñalar a una sirvienta, hizo colocar el cuerpo de su esposa en una litera que se paseó ante el rey y sus nobles.

Tras llevar el cadáver a su casa para enterrarlo, de Villequier regresó y se presentó en la corte. Allí triunfó en su honor vengado. Declaró que de buena gana habría matado también a sus amantes, pero como formaban un pequeño ejército podría haber dificultades.

Enrique III registra el escándalo en su Diario, y censura tanto al asesino como a su víctima. Pero, por supuesto, no se tomó ninguna medida contra de Villequier. Los franceses siempre han sido así de graciosos.

Todo en familia

Cuando Hans Appel, propietario de una empresa de construcción de Alemania Occidental, se casó con Renate Pocschke, cada uno de ellos trajo a la casa un hijo de un matrimonio anterior. Entonces Renate dio a luz a una hija a Hans, y la familia se amplió aún más cuando, en 1973, el hermano de Renate, Juergen, se mudó a la casa.

Una noche, mientras acostaba a los niños, Hans hizo un descubrimiento estremecedor. Uno de los niños le confesó que mamá y el tío Juergen habían pasado una tarde juntos en la cama, sin ropa.

La desnudez tiene un poder de conmoción como quizás ninguna otra transgresión sexual. Hans estaba horrorizado, pero cuando se enfrentó a la pareja culpable, ninguno de los dos respondió con una negación firme. En su lugar, hermano y hermana abandonaron el hogar y se trasladaron a la casa de Sachsenhausen de Dieter Poeschke, de 21 años. Era el otro hermano de Renate, un mecánico de taller y un hombre casado.

El jefe de la construcción seguía enamorado de su mujer a pesar de lo que ahora sospechaba. Al mismo tiempo que le hacía regalos para tratar de reconquistarla, empezó a llevar un revólver. Pero seguía manteniendo buenas relaciones con Dieter Poeschke. El 7 de enero de 1974, Appel aceptó que le llevaran en el Mercedes de su cuñado, que iba de Wiesbaden a Frankfurt.

Mientras el coche avanzaba por la carretera, Hans Appel se desahogaba de sus problemas. Parecía increíble, dijo, pero sospechaba que Renate tenía una aventura con Juergen.
    ¿Dieter creía tal cosa?

. . .

Por supuesto", respondió el conductor, "Juergen y yo nos acostamos con Renate todo el tiempo".

¡Doble incesto! Appel dijo que algo dentro de él se rompió en ese momento. Los testigos vieron cómo el coche se desviaba hacia la acera. Dieter salió rodando y, mientras se ponía en pie, Appel le disparó dos veces con la pistola.

Luego, el indignado marido salió del Mercedes y desapareció por la calle.

La policía no tardó en descubrir la identidad del asesino. Pero las extrañas circunstancias de este particular crimen pasional constituyeron un fuerte factor atenuante. Juzgado en julio de 1974, Appel fue condenado a 21 meses de prisión. De hecho, no llegó a cumplirla, ya que la sentencia fue anulada en apelación.

En cuanto a Renate, no quiso volver con su marido, sino que siguió viviendo con su hermano.

3

Caos misceláneo

No todos los crímenes pasionales implican un asesinato; muchos delitos menores tienen su origen en un amor frustrado. La paz puede ser quebrantada por un marido con tacones de resorte o un calamitoso intento de secuestro. Los casos más serios también pueden conservar elementos de comedia grotesca, como en el extraordinario asunto del 1\formon desaparecido. Incluso el propio asesinato puede entretener -a distancia- por sus extrañas circunstancias o consecuencias. Tal fue al menos el caso de la deuda de deshonra de Oxford, pagada a lo largo de setecientos años.

Todo el mundo es tonto en el amor, y la pasión desenfrenada no sólo horroriza. Puede divertir, intrigar -o francamente asombrar- al exponer las debilidades de la humanidad.

Espantosa agresión de una amazona

Se presenciaron escenas absurdas y terribles en la boda de M. Augustin. Este parisino de 45 años se presentó en 1871 para casarse en la mairie local con una encantadora joven de 18 años. Y la ceremonia acababa de concluir cuando la puerta del salón se abrió de golpe y una dama de gigantesca estatura irrumpió en la sala y se abrió paso a codazos entre los invitados. Detrás de ella iba una joven delgada de unos 15 años.

M. Augustin era un hombre muy pequeño. "¡Desgraciado! Sinvergüenza", gritó la amazona, dirigiéndose al diminuto mozo. '¡Así me dejas en la estacada, yo que he firmado durante quince años para el día en que pudiera llamarme tu esposa!'

El novio se puso blanco como una sábana. La giganta lo agarró por el cuello y lo levantó bajo su brazo. Dirigiéndose al alcalde con una voz de trueno, atronó: "¿Llegó demasiado tarde?".

. . .

'El matrimonio está concluido', respondió el funcionario. 'Por favor, baje al Sr. Augustin'.

No sin dar su merecido al villano que me deja con esta chica'. 'No, no, esa chica no es mía', dijo el novio.

Esto fue un error. 'Repite lo que has dicho', fumó la giganta, 'esta niña que es tan parecida a ti como un guisante a otro, ¿es tuya o no?'

M. Augustin no respondió. Su fiscal le agarró entonces por la nariz y se la retorció violentamente. Los invitados a la boda intentaron socorrer al hombre, pero la enfurecida mujer lo agitó como un hacha de guerra, obligándolos a retroceder. En el furor que siguió se oyó al alcalde llamar a la policía, pero la giganta cedió al fin.

'No necesitas darte problemas. Soltaré al bribón por mi propia voluntad'. Volviéndose a la novia, le dijo con voz ronca: "Aquí tienes, belleza mía, a tu pequeño hombre. No lo he roto. No tenemos nada más que hacer aquí. Sígueme, Baptistine'.

. . .

Al decir esto, arrojó a su víctima a los pies de dos policías que acababan de aparecer en la puerta. Luego, murmurando otras terribles imprecaciones, salió con su hija.

M. Augustin se había desmayado. Pero era tal el temor de los invitados a la boda que nadie se atrevió a tocarlo hasta que el último eco de las pesadas pisadas se apagó en la distancia. Por fin, lo pusieron en pie y la asamblea se disolvió en una atmósfera de silenciosa penumbra.

La deuda se ha saldado 770 años después

Un estudiante mata a su amante; un crimen pasional rutinario, se podría pensar. Pero a veces la fascinación de un caso radica más en sus consecuencias que en el hecho en sí. Cuando se produjo un asesinato de este tipo en la Oxford medieval, contribuyó a la creación de la mundialmente famosa universidad. Y dio lugar a una deuda de deshonra pagada, año tras año, durante más de siete siglos.

Todo comenzó en 1209, cuando un estudiante de la recién fundada universidad asesinó a su amante, una mujer del pueblo. El malhechor se dio a la fuga rápidamente. Y el alcalde y el pueblo respondieron con rabia colgando a un par de estudiantes en su lugar.

En compensación por el linchamiento, el legado papal ordenó a la ciudad de Oxford que hiciera penitencia, que festejara anualmente a los estudiantes más pobres y que perdonara a todos los becarios la mitad de su renta anualmente durante un espacio de años. Además, se impuso una multa anual de 52 chelines a los habitantes de la ciudad.

Pocos crímenes pasionales pueden haber tenido consecuencias más duraderas. El pago comenzó en 1214, depositándose el dinero en un cofre en la iglesia de Sor María.

Se trataba de una suma considerable que durante mucho tiempo fue el único ingreso que tenía la Universidad. Los antes despreciados y hambrientos eruditos se convirtieron en personas privilegiadas... Se dedicaron a pavonearse por las calles y se produjeron terribles disturbios en la ciudad.

· · ·

La multa se siguió pagando anualmente durante 770 años. La revolución industrial transformó la nación, el Imperio Británico vino y se fue. Se libraron guerras mundiales, los hombres caminaron sobre la luna y aún así se pagó el antiguo dinero de sangre por el ahorcamiento de los oficinistas.

El Tesoro se hizo cargo del adeudo, calculado en 3,08 libras esterlinas al año, que se pagaba al Fondo Universitario, y el Vicerrector tenía la obligación de administrar la suma para ayudar a los estudiantes pobres. Y este curioso hilo en el tapiz de la historia no se rompió hasta junio de 1984.

En ese mes, como parte de una campaña de eficiencia del Tesoro, se acordó un último pago. El gobierno entregó a la Universidad su último cheque: 33 libras esterlinas, como pago único de la cuenta.

El Sr. William Hyde, secretario del tesoro, lamentó la decisión: "Realmente no tenemos ninguna opción en el asunto. Han decidido comprarlo. Es una pena desde el punto de vista nostálgico ver el fin de un pago de 700 años de esta naturaleza'. Pero está de acuerdo en que no se puede argumentar con fuerza para perpetuar la deuda de deshonor. Además, admitió, "tres libras no alivian mucha pobreza".

Fantasmas apasionados

Una lápida del siglo XVII en la iglesia de Chagford, en Devon, conmemora la muerte de Mary Whiddon. La infeliz fue asesinada a tiros por un amante celoso, en el altar el día de su boda. Un final dramático para una disputa de triángulo amoroso, pero ¿se acabó del todo? Hasta el día de hoy, se dice que el fantasma de la joven novia ronda su casa en Chagford. Hoy en día, el edificio es un espectáculo para invitados, y más de un visitante se ha asustado al ver la ira de una joven vestida de negro que sonríe tristemente desde la puerta de lo que solía ser la habitación de Mary.

No es necesario creer en los fantasmas para apreciar lo profundamente que los recuerdos de la tragedia amorosa se han arraigado en el folclore de la nación. Tras la muerte de la Sra. Rattenbury, se informó de que su espectro amortajado rondaba en varias ocasiones el solitario escenario de su final junto al río Avon.

La aparición fue tan frecuente que, en octubre de 1935, el famoso cazador de fantasmas Elliott O'Donnell pasó una noche de vigilia en la brumosa pradera. En una experiencia espeluznante, el investigador no vio ningún fantasma, pero sí experimentó un impulso irrefrenable de ahogarse en el río.

Longleat, la casa solariega más famosa del país, está supuestamente embrujada por una espectral Dama Verde que frecuenta un determinado pasillo. Ha sido identificada como Lady Louisa Cartaret, esposa del segundo vizconde de Weymouth en el siglo XVIII. Mató a su joven amante en una furiosa pelea librada en el pasillo embrujado. Después, como siempre ha contado la historia, enterró el cuerpo en el sótano. ¿Puro cuento de hadas? Sin embargo, a principios del siglo XX, se excavó el sótano para instalar las tuberías de la calefacción central, y se descubrió bajo las losas el esqueleto de un hombre con botas de montar del siglo XVIII.

Sin embargo, la víctima espectral de la tragedia amorosa de la que más se habla es el fantasma de Ana Bolena. La malograda reina ha sido vista en una serie de antiguas mansiones de todo el país, cada una de las cuales afirma ser su lugar de nacimiento. Y en ningún lugar la aparición es más espectacular que en Blickling Hall, en Norfolk. Todos los años, en el aniversario de la ejecución de la reina (19 de mayo de 1536), se dice que una carroza espectral transporta el fantasma de Ana hasta la puerta de la mansión.

El cortejo llega a medianoche: el cochero está descabezado; los cuatro caballos están descabezados; Ana también está descabezada, por supuesto, llevando el objeto cortado en su regazo.

4

Planes cuidadosamente establecidos

Se podría pensar que todo crimen pasional se comete por el impulso del momento. Incluso en los casos clásicos, puede haber cierta premeditación en, por ejemplo, la compra de un cuchillo o una pistola. Después de todo, ¿cuánto dura un momento para un amante obsesionado o herido: una fracción de segundo, una hora, un día? A veces, parece que la pasión fundida puede estar contenida durante más tiempo aún mientras el cerebro -que se eleva en alguna estratosfera de calma gélida- traza un plan de venganza.

En todos los crímenes de esta sección se presentaron ante los tribunales pruebas de una cuidadosa planificación. A veces esas pruebas eran cuestionables, como en la tragedia de Edith Thompson. En la mayoría de los casos, eran suficientemente sustanciales. Un veterinario italiano, un ministro de justicia neozelandés y un duque francés de la más noble estirpe se cuentan entre los pacientes planificadores cuyos planes acabaron fracasando.

El Deambulador Negro

La mujer fue encontrada en una calle de Hampstead, tumbada sobre un montón de basura de construcción. La luz de la luna jugaba suavemente con su chaqueta negra con adornos de imitación de astracán. Tenía el cráneo aplastado y la cabeza casi separada del cuerpo: sólo quedaba un trozo de piel y músculo.

La fecha era el 24 de octubre de 1890, y pronto empezaron a circular los rumores. Se murmuraba que el asesinato era obra de Jack el Destripador, la figura fantasmal que había acechado el East End sólo dos años antes. ¿Había vuelto el Destripador a cobrarse víctimas en el norte de Londres?

A una milla de distancia había un cochecito abandonado cuyos cojines estaban empapados de sangre. Y al día siguiente, los detectives hicieron otro sombrío descubrimiento. El cadáver de un bebé de 18 meses fue recuperado de un terreno baldío en Finchley. No pasó mucho tiempo antes de que los tres horripilantes hallazgos se relacionaran.

Se descubrió que la mujer asesinada tenía las iniciales P.H. bordadas en su ropa interior. El hecho se publicó en un periódico matutino que llamó la atención de una tal Clara Hogg, que vivía en Kentish Town.

Ella sabía que su cuñada, la señora Phoebe Hogg, había salido la tarde del 24 de octubre con su bebé. No había regresado esa noche. Las iniciales coincidían con las de la mujer desaparecida, y Clara fue con una amiga a la morgue donde habían llevado el cuerpo. Allí, ahogando las náuseas, Clara reconoció a su cuñada como la espeluznante figura de la losa.

Lo que desconcertó a la policía fue el comportamiento de la amiga de Clara, una mujer alta y pelirroja llamada Mary Pearcey. Insistió en que el cadáver no era de Phoebe Hogg; se puso histérica y trató de arrastrar a Clara. Fue, de hecho, para visitar a Mary Pearcey que Phoebe Hogg había salido en la fatídica tarde. Sin embargo, la pelirroja Mary primero negó el hecho; luego admitió que la visita había tenido lugar.

· · ·

Claramente, el papel de Mary Pearcey en el asunto necesitaba alguna investigación. Y no fue necesario indagar mucho para que los detectives descubrieran una geometría familiar en el misterio: la geometría de un triángulo amoroso.

Frank Hogg, marido de la asesinada Phoebe resultó ser un hombre con buen ojo para las damas. Un barbudo y jovial mudador de muebles, había vivido con su esposa en Prince of Wales Road, Kentish Town.

Pero Frank también tenía la llave de la casa de Mary en Priory Road. Era un visitante habitual allí, y lo había sido desde antes de su matrimonio.

Al indagar más a fondo, la policía descubrió que el propio matrimonio era un asunto forzado. Mientras era soltero en 1888, Frank había estado viendo a ambas mujeres. Su verdadero afecto era por Mary Pearcey, de carácter fuerte y vivaz, pero fue la más mansa Phoebe Styles la que se quedó embarazada de él. Aunque llevaba una doble vida amorosa, Frank era un asiduo a la iglesia que sabía qué camino debía seguir. Luchó durante algún tiempo con su conciencia, y en un momento dado se propuso abandonar todo el lío haciendo una nueva vida en el extranjero. Fue

Mary Pearcey quien le dijo que no emigrara, sino que se casara con la embarazada Phoebe. La pelirroja le escribió cartas apasionadas en las que expresaba sus celos por su rival: "¡Oh, Frank! No me gustaría pensar que soy la causa de todos tus problemas, y tú me lo haces pensar. Te amo con todo mi corazón, y la amaré porque te pertenecerá'.

De nuevo: "No pienses en irte, porque mi corazón se romperá si lo haces; no te vayas, querida. No pediré demasiado, sólo verte cinco minutos cuando puedas irte; pero si te vas del todo, ¿cómo crees que podré vivir? Me gustaría verte casado cincuenta veces; sí, podría soportar eso mucho mejor que separarme de ti para siempre... no debes irte. Mi corazón palpita de dolor sólo de pensarlo".

Entre estas protestas de amor se encontraban frases extraídas de las novelas románticas que Mary leía con avidez, una de las cuales, en retrospectiva, resulta especialmente irónica: "En este falso mundo no siempre sabemos quiénes son nuestros amigos y quiénes nuestros enemigos, y todos necesitamos amigos...".

Al final, Frank se casó con Phoebe Styles y se instaló con ella, su madre y su hermana Clara en Prince of Wales

Road. Parece que Phoebe estaba al corriente de la relación de su marido con Mary, pero no puso ninguna objeción.

Curiosamente, las dos mujeres eran amigas, y cuando el segundo hijo de Phoebe sufrió un aborto, Mary incluso cuidó a su rival durante el dolor y el trauma. En cuanto al primer bebé, Mary lo adoraba, casi como si compartiera la maternidad del niño en todos los sentidos. A día de hoy, lo que desencadenó el sangriento clímax sigue siendo un misterio. La policía determinó, sin embargo, que el día anterior a la fatídica visita, Mary envió a Phoebe una nota: "Querida: ven esta tarde y trae a nuestra pequeña, no falles". En esa ocasión, se vio que las persianas de la casa de Mary estaban bajadas como si se estuvieran preparando. Ese día, Phoebe Hogg no pudo ir, pero tras recibir una segunda nota, fue a la casa al día siguiente. Mary admitió ante la policía que Phoebe llegó con el bebé en el cochecito, pero afirmó que sólo fue para pedirle dinero: ``No se lo dije antes porque Phoebe me pidió que no dejara que nadie supiera que había estado aquí".

Más tarde, a una matrona de la policía, le insinuó que había habido una discusión: "Mientras tomábamos el té, la señora Hogg hizo un comentario que no me gustó: una palabra sacó a relucir otra. Tal vez sea mejor que no diga nada más".

. . .

Los vecinos habían oído gritos en la casa de Mary Pearcey a las 6:00, y el destrozo de la vajilla.

La policía presentó una orden de registro y examinó los locales. Comprobaron que había sido desangrado recientemente, pero no muy a fondo. Se podían ver salpicaduras de sangre en las paredes y el techo; el atizador tenía sangre y pelos. En un cajón de la cómoda había un cuchillo de trinchar, también manchado de sangre. Una falda, un delantal, unas cortinas, una alfombra... todo estaba manchado.

Mary Pearcey se sentó al piano durante la búsqueda y entonó rimas infantiles. Cuando se le preguntó por qué había tantas manchas de sangre en el lugar, siguió tocando el teclado y cantando de forma inquietante: "¡Matar ratones, matar ratones, matar ratones!"

Más tarde, la policía descubrió que Mary llevaba dos anillos de boda; no se había encontrado ningún anillo en el cuerpo de Phoebe Hogg.

. . .

Detenida y acusada de asesinato, Mary Pearcey, de 24 años, fue juzgada en Old Bailey en diciembre de 1890. Durante todo el proceso, la acusada protestó por su inocencia, pero las pruebas circunstanciales en su contra eran abrumadoras. Unas dos horas después de que se escucharan los gritos en su casa, un vecino había visto a Mary Pearcey empujando el cochecito, cubierto con un chal negro, por Priory Road. Ya había caído la noche, y ella estaba encorvada sobre el vehículo como si esperara no ser reconocida. El propio cochecito parecía muy cargado, con algo extrañamente voluminoso apiñado hacia el capó...

El extraordinario viaje que siguió cubrió un circuito de unas seis millas. La mujer asesinada fue encontrada en Crossfield Road, Hampstead, y el bebé fue abandonado en Finchley Road. No había pruebas de violencia contra el bebé, pero su ropa estaba manchada de sangre. La impresión es que puede haber sido asfixiado por el peso del cadáver que tenía encima. En cuanto al cochecito, se encontró abandonado en Hamilton Terrace, Stjohn's Wood, su lúgubre cobertizo de carga al fin.

Frank Hogg admitió a la policía que había ido a Priory Road a última hora de la noche y que había entrado con su llave. Cuando encontró el lugar vacío, escribió una breve nota: "Las diez y veinte. No puedo quedarme". Si se hubiera quedado, podría haber encontrado a Mary Pearcey volviendo de su macabra excursión.

El jurado tardó sólo una hora en considerar su veredicto y declaró a Mary Eleanor Pearcey culpable de asesinato. Cuando se le preguntó si tenía algo que decir por lo que no se debía dictar la sentencia de muerte, respondió rápidamente: "Sólo que soy inocente de la acusación".

Ahora, desdichado y vilipendiado, Frank Hogg se negó a ver a su señora en la celda de la condena, un desaire que Mary lamentó: "Podría haber hecho que la muerte fuera más fácil de soportar". El 23 de diciembre de 1890 fue conducida al cadalso y afrontó su final con gran calma y compostura. Al capellán de la prisión que la acompañaba, le dijo enigmáticamente: "La sentencia es justa; las pruebas eran falsas". Un comentario desconcertante. Y es sólo uno de los cabos sueltos que quedan en el caso Pearcey. Algunos han dudado de que Mary pudiera haber cometido el crimen sola: Phoebe fue golpeada sin sentido y se le cortó la cabeza con un cuchillo que le atravesó la garganta varias veces. Se hizo con tanta fuerza que cortó limpiamente las vértebras. Luego hubo que meter el cadáver en el cochecito. Era una tarea formidable, incluso teniendo en cuenta lo que dice F. Tennyson Jesse en su obra Murder and Its Motives: "el asunto se facilitó por el hecho de que no había nada que impidiera doblar la cabeza hacia atrás".

¿Qué provocó el ataque maníaco? ¿Fue premeditado o provocado por ese "comentario que no me gustó"? Y si las pruebas eran falsas, ¿quién las había falsificado?

El Londres de la década de 1890 era la ciudad de niebla amarilla y calles iluminadas por el gas que conocen los lectores de las historias de Sherlock Holmes. Y para los aficionados a los grandes misterios de asesinatos sin resolver hay una tentadora pieza posdata que no encaja en absoluto en el rompecabezas.

En el juicio se supo que el verdadero nombre de Mary Pearcey era Mary Eleanor Wheeler. Había tomado su apellido del de un carpintero, John Charles Pearcey, con el que había cohabitado una vez. Él declaró en el juicio que nunca estuvieron casados formalmente, y que había dejado a Mary por su mirada errante. Pero alguna figura misteriosa parece haber ocupado un lugar especial en sus afectos. El día de su ejecución, María dio instrucciones a su abogado para que publicara el siguiente anuncio en los periódicos de Madrid: "M.E.C.P. Última voluntad de M.E.W. No traicionar".

Hay pocas dudas de que Mary Pearcey atrajo a Phoebe Hogg a Priory Road y allí mató a la desafortunada mujer. El motivo parece haber sido claramente un amor celoso. ¿Quién era entonces M.E.C.P.? ¿Y cuál era el secreto que compartían? El rompecabezas ha dado lugar a una solución fantástica: que Mary era miembro de una nefasta sociedad secreta, y liquidó a Phoebe cuando se enteró de ello antes de que, prosaicamente, se haya sugerido que Mary se casó en secreto cuando era adolescente con un hombre cuyo nombre no quería que se manchara en el juicio.

Por último, es posible que la Mary lectora de novelas simplemente inventara un pequeño enigma para dotar de romanticismo a su atroz crimen.

Simplemente no lo sabemos. Pero leyendo y releyendo el último mensaje críptico no se puede dejar de creer que una dimensión fascinante del caso de Mary Pearcey puede haber caído en el vacío cuando se soltó la trampa fatal del verdugo.

Un crimen que sacudió un reino

· · ·

Era un asunto extraño, extraño. El escándalo que sacudió a Francia en 1847 contribuyó a la caída de una dinastía. Implicó a una de las familias más nobles de la nación, y ningún crimen pasional en la historia de Francia ha provocado más discusión. No hay duda de la identidad del asesino en el asunto Praslin, ni de la espantosa salvajada del crimen.

En los Archivos Nacionales de París se conservan gruesos expedientes de cartas y declaraciones, así como camiones de pruebas materiales: un tirador de campana de seda, ropa manchada de sangre, candelabros de bronce y un cuchillo de caza, entre otros objetos.

Pero a pesar de todo lo que ha sobrevivido y todo lo que se ha escrito, el misterio persiste en torno al caso, esquivo como el aroma del tabaco caro y el almizcle de las rosas de la vieja Francia. En el fondo, era un asunto extraño, raro.

El joven Theobald de Praslin se casó con Fanny Sebastiani el 19 de octubre de 1824. Él sólo tenía diecinueve años, ella dos menos, y estaban muy enamorados en ese momento.

. . .

Las familias de ambas partes eran inmensamente ricas, por lo que la boda fue una ocasión brillante. El joven marqués era heredero del gran ducado de Praslin, y su novia era ahijada honoraria de Napoleón. Los grandes intereses bendijeron el matrimonio, que empezó siendo muy prometedor como un idilio de felicidad doméstica.

Le dio hijos -ninguno de ellos en menos de quince años-, quizás demasiados a la luz de lo que estaba por venir. Porque bajo la presión de los sucesivos embarazos y partos, la marquesa perdió su aspecto radiante. Sus rasgos oscuros y románticos -heredados de la sangre corsa- se engrosaron y se volvieron hinchados. Se volvió corpulenta. Y su temperamento, antes agradablemente caprichoso, se convirtió en una naturaleza volátil y dominante.

Su marido, en cambio, era un hombre pasivo e introvertido poco dado a las muestras de emoción.

Cuanto más la regañaba, despotricaba y hacía berrinches, más se replegaba él en un caparazón de fría reserva. Fanny siguió amando a Theobald a su manera tempestuosa; pero por parte de él, el amor se convirtió lentamente en detestación.

. . .

Antes de 1839, cuando nació su último hijo, había comenzado el declive de su relación. Él ya había empezado a rehuir su habitación y ella le escribía cartas de queja. Eran cartas elocuentes que brotaban directamente del corazón, pero los temas se repetían monótonamente: ella lamentaba sus ataques de mal genio, intentaba arreglar la última disputa y pedía su compasión por sus emociones incontrolables. Ya no soy dueña de mis sentimientos", escribió en un momento dado. Algo sobre lo que no tengo control se apodera de mí". El marqués sólo se mostró más despectivo.

Y en 1840, las cosas empeoraron terriblemente cuando le exigió que firmara un documento extraordinario. Según este acuerdo privado, Madame de Praslin debía renunciar a sus derechos naturales como madre. La institutriz de la familia se encargaría exclusivamente de todo lo relacionado con los niños: la ropa, la educación, el ocio, etc. Madame de Praslin ni siquiera podía verlos si no era en compañía de la institutriz.

Se trata de un documento terrible para una madre, y los historiadores se han preguntado durante mucho tiempo sobre sus implicaciones. Madame de Praslin escribió en privado sobre ello, afirmando que lo había sacrificado todo para intentar recuperar el afecto de su marido. Pero hay indicios de que detrás de su renuncia hay algún incidente o descubrimiento concreto. ¿Fue algún arrebato violento que asustó a los niños y llevó a su marido a pensar que no estaban seguros en su presencia? ¿O fue algo más oscuro que eso?

Parece que se acusa a Madame de Praslin de "corromper" de alguna manera a los niños. Se sabe que su propia institutriz fue en su día una tal Madamoiselle Mendelssohn, sospechosa de mantener relaciones lésbicas con sus alumnas.

¿Sospechaba el marqués que su esposa tenía las mismas inclinaciones? ¿Se había entrometido con sus propios hijos?

Es sólo uno de los misterios que persisten en la feria. El contrato, el dormitorio rechazado - todo esto era en privado. En público, la pareja siguió apareciendo en medio de la felpa y las lámparas de araña de la Corte, para recibir a los invitados y dispensar su hospitalidad. En junio de 1841, el padre de Theobalds muere y él se convierte en el quinto duque de Choiseul- Praslin, heredando no sólo unos nueve millones de francos, sino también el magnífico castillo de Vaux-le-Vicomte.

. . .

Este magnífico edificio sobrevive como uno de los grandes esplendores del estilo barroco francés.

Con sus cúpulas y torres, sus fuentes y sus avenidas arboladas, iba a proporcionar el más grandioso telón de fondo imaginable para el drama que iba a desarrollarse.

A Vaux, con los nuevos duques, llegó una nueva institutriz recién contratada. Huérfana e ilegítima hija de un soldado bonapartista, había salido de una infancia miserable para servir a una noble familia inglesa. De pelo rubio, ojos verdes y socialmente consumada, llegó a los Praslin con las mejores credenciales posibles. A su debido tiempo, toda Francia quedaría fascinada por la Mademoiselle: su nombre era Henriette Deluzy.

Los partidarios de la duquesa la pintaban como una aventurera intrigante que avergonzaba a una casa noble. Otros la veían como una chica decente colocada en una posición intolerable. El veredicto de la historia debe extraer un poco de cada retrato. Henriette Deluzy no creó el matrimonio infeliz, que estaba en un estado desastroso cuando ella llegó. Pero la joven institutriz era inteligente y ambiciosa. Viniendo de su propio entorno inseguro, los esplendores de Vaux, los millones de Praslin, todos los rangos y privilegios que iban con ellos, estos señuelos combinados con la infelicidad manifiesta del Duque seguramente deben haber excitado sus pensamientos.

Praslin le habló desde el principio del contrato que había hecho con su mujer. Aunque le pareció extraño, también le dio poderes únicos en la casa. Mademoiselle Deluzy aceptó el cargo y no tardó en supervisar todo lo relacionado con los niños. Dos de las hijas, Berthe y Louise, no tardaron en adorarla. La joven instructora era brillante, vivaz y completamente cuerda, en marcado contraste con su desequilibrada y ligeramente aterradora madre.

No pasó mucho tiempo antes de que el Duque también viniera a refugiarse del frío de su matrimonio en el pequeño y cálido círculo de la institutriz. Amaba a sus hijos y le gustaba verlos felices. Temperamentalmente indolente, además de reticente, el duque pasaba cada vez más tiempo en su compañía.

Mademoiselle Deluzy se convirtió rápidamente en "esa mujer", y noche tras noche, en su solitario dormitorio, la duquesa escribía largas y apasionadas cartas a su marido.

La institutriz, se quejaba, era atrevida, familiar, dominante, desconsiderada, inquisitiva, chismosa, insolente y codiciosa.

Había dividido a la familia y puesto a las hijas en contra de su madre. Una de las acusaciones que se repitió es de especial importancia a la luz de lo que iba a suceder: la duquesa afirmaba que la intrigante institutriz estaba haciendo aparecer deliberadamente a ii como si fuera la amante de su marido.

Sin embargo, la duquesa no parece haber sospechado en ningún momento que su rival compartiera su cama.

Al cabo de un año de la llegada de la Srta. Deluzy, los rumores empezaron a extenderse. En una sociedad parisina que bebía los chismes como si fueran vino fino, el escándalo comenzó a fermentar. En el verano de 1844, la duquesa amenazó públicamente con suicidarse, creando una escena tan embarazosa que el duque decidió que era necesario hacer una pausa. Se llevó a tres de sus hijas, con su institutriz, a unas largas vacaciones en el Mediterráneo. La duquesa se quedó en Vaux. Y por primera vez en la prensa, apareció en una columna de chismes de París, un fragmento sobre el Duque de Praslin. Se decía que el duque se había ido de vacaciones con su amante.

. . .

Este delicioso artículo no pasó desapercibido. La historia circuló no sólo por los bulevares de París, sino que también llegó a las cortes de Europa. Todos los chismosos bien informados decían que Mademoiselle Deluzy tendría que abandonar la casa. Pero ella no lo hizo, ya que eso sólo daría crédito a los rumores, y el duque decidió mantenerse al margen de esas maliciosas habladurías. Avergonzada hasta la saciedad, la humillada duquesa se dedicó a comer todos sus comidas en la soledad de su alcoba. Rechazaba cualquier contacto con la institutriz y escribía cartas cada vez más elocuentes e histéricas a su marido. Todo el miserable asunto se alargó.

En 1846, pareció producirse una inexplicable reconciliación, cuando la duquesa empezó de repente a mostrarse agradable con la institutriz. Sin embargo, sólo puede explicarse como un cambio de táctica, ya que Madame de Praslin seguía fulminando en sus cartas a su marido sobre el "pequeño par de ojos verdes detrás de su hombro". En realidad, la mortificada madre estaba madurando un plan de venganza.

La mujer se dio cuenta en junio de 1847. En ese mes, el duque fue informado repentina pero formalmente por su suegro de que si la institutriz no abandonaba la casa para siempre, su esposa demandaría el divorcio y reclamaría la custodia exclusiva de los niños. La amenaza tenía terribles implicaciones. El propio duque creía claramente (por la razón que fuera) que sus hijos no estaban seguros con su madre. No sólo los perdería a manos de ella, sino que el furor del divorcio afectaría seriamente a las perspectivas de matrimonio de su hija. El escándalo sería inmenso, y ¿qué familia noble de mentalidad correcta aceptaría a las niñas de este hombre adúltero? No podía dudar de que Madame de Praslin ganaría su caso: la prensa que se ocupaba de los escándalos se había encargado de ello.

Ahora la institutriz tenía que irse de verdad. Después de una feroz pero desesperada discusión con su suegro, el duque informó con pesar a la señorita Deluzy de que debía abandonar la casa, con una generosa pensión vitalicia y una buena referencia. para futuros empleos.

Se lo tomó mal. Independientemente de las fantasías que pudiera tener sobre su futuro en Vaux, lo cierto es que amaba a sus pupilas; durante seis años las chicas de Praslin habían constituido la única familia que había conocido. Aquella noche lloró incontroladamente y tragó láudano en cantidades que casi le costaron la vida. Pero al día siguiente se recuperó y, con el tiempo, capituló. Firmó el contrato de renta vitalicia.

. . .

Y así podría haber terminado todo el asunto, de no ser por las oscuras pasiones que el episodio había engendrado. Las muchachas, por ejemplo, estaban indeciblemente afligidas por su separación de su amada Mademoiselle. El Duque, por su parte, se vio reducido a una furia fría, una rabia refrigerada que heló incluso a la Duquesa triunfante. En unas memorias privadas escribió: "Nunca me perdonará lo que he hecho... Cada día el abismo entre nosotros se hará más profundo. Cuanto más piense en lo que ha hecho, más me odiará y más se vengará de mí. El futuro me horroriza.

Tiemblo cuando pienso en él... No quedaba mucho futuro, como se vio, ni para el Duque ni para la Duquesa.

La institutriz licenciada buscó alojamiento en París. Pero dondequiera que la aceptaban, se encontraba inmediatamente con que la echaban a la calle. Un tal Abate Gallard hacía la ronda, advirtiendo a los propietarios.

La señorita Deluzy, dijo el clérigo, era una mujer inmoral que pronto sería nombrada en un tribunal de divorcio. Además, insinuó que estaba embarazada. El abate Gallard era el confesor de la duquesa.

. . .

Finalmente, la asediada institutriz encontró una pequeña habitación en la Pensionnat Lemaire, una escuela para mujeres jóvenes en uno de los barrios más sórdidos de París. Desesperada, escribía cartas lastimosas a las chicas de Praslin, implorándoles que no la olvidaran. Ellas respondían con la misma ternura: habían tenido escenas terribles con su madre, escribían. También: "Tú eres nuestra verdadera madre".

El 26 de julio, la señorita Deluzy se encontró brevemente con dos de los niños de Praslin con su padre en París. Su rostro en ese momento parecía haberse arrugado. Y durante el breve encuentro le dijo a la ex gobernadora algo sobre la duquesa que la horrorizó bastante.

No sabemos qué era ese algo.

Es otro de los misterios que persisten. Entre todos los documentos conservados en los Archivos Nacionales, las referencias al oscuro secreto parecen haber sido extirpadas.

Por las alusiones que han sobrevivido, se sabe que se trataba de "horrores", "acarreos secretos" y la "corrupción de los hijos" de la duquesa. Horacio, el niño de diez años, había "confesado infamias" a su padre.

Algunos han interpretado estas evasivas referencias de la manera más literal, sugiriendo que la duquesa había seducido al menos a uno de sus jóvenes hijos. Una solución más probable es la que propone Stanley Loomis en su autorizado estudio del caso, A Crime of Passion (1967). Sabemos que, tras la marcha de la institutriz, la duquesa siguió amenazando con el divorcio si la señorita Deluzy no abandonaba realmente el país. Eso era lo que había detrás de las persecuciones del abate Gaillard. Y es posible que la Duquesa hubiera persuadido a uno o varios de los chicos para que hablaran contra su padre y la institutriz. Incluso podría mentir, fingiendo, por ejemplo, haber presenciado a la pareja en la cama. Pura especulación, por supuesto. Lo que sí sabemos es que el duque, frío, reservado y de espíritu más bien débil, tramaba ahora el asesinato de su esposa.

Toda la rabia contenida en su interior encontró expresión en su plan de venganza. En la gran residencia de París, el Hotel Sebastiani, comenzó de la manera más cómicamente inepta quitando los tornillos de los postes de la cama de su esposa. Su idea era que el enorme y pesado dosel que había encima se derrumbara para aplastarla o asfixiarla. No hay duda de que se entretuvo con este extraño proyecto, sacado de la ficción romántica de la época.

Después de que el asunto alcanzara su sangriento clímax, se descubrió que se había introducido cera para techos como camuflaje en los agujeros donde habían estado los tornillos.

No fue ésta la única preparación del Duque. En el Hotel Sebastiani, también utilizó su fiel destornillador para quitar el cerrojo con el que su esposa cerraría la puerta de su propia suite. Si el toldo no lograba matar a la duquesa, él tendría garantizado el acceso para terminar el trabajo.

Hechos sus planes, el Duque dio órdenes de que absolutamente nadie entrara en los apartamentos del Hotel hasta la próxima visita de su familia a París.

Esa visita se produjo el 17 de agosto. Mientras que Madame de Praslin se dirigió directamente al Hotel Sebastiani, el Duque y cuatro de sus hijos se dirigieron primero a la Pensionnat Lemairc para reunirse entre lágrimas con la institutriz despedida. Durante la breve visita, el Duque prometió que intentaría conseguir cartas de referencia de los Ouches, para Mademoiselle Deluzy.

. . .

Una vez en el hotel, padre e hijos se retiraron a sus respectivas habitaciones. Las luces se apagaron a las 23.30; todo parecía preparado para una noche tranquila.

A eso de las 04.30, una sucesión de gritos espeluznantes, apenas humanos, rasgó el aire del amanecer en París.

El aperitivo mortal

El viernes 24 de agosto de 1973 llegó a casa de Tranquillo Allevi un paquete certificado. Su esposa Renata lo recogió, ya que su marido estaba fuera en ese momento. Lo colocó en su escritorio y, cuando regresó, Tranquillo lo abrió y encontró una botella de aperitivo. La carta que la acompañaba le invitaba a convertirse en su representante local en una nueva campaña de ventas.

Allevi era un próspero lechero que vivía cerca de San Remo, en la costa norte de Italia. Estas invitaciones no son infrecuentes, y el lechero, de 50 años, se llevó la botella a su oficina, donde la guardó en la nevera. Era un regalo bienvenido, tanto si aceptaba la oferta como si no.

Probablemente se olvidó de ella en su preocupación por seguir con el trabajo del día.

La botella permaneció en la nevera esa noche y todo el día siguiente. Era un sábado, el día en que, por costumbre, llevaba a su mujer a cenar al restaurante del casino de San Remo. La velada transcurrió de forma bastante agradable.

Tras llevar a Renata a su casa, Allevi se dirigió a su oficina para resolver algunos asuntos. Un vendedor y otro amigo se unieron a él. La noche era cálida y el trío se quitó las chaquetas. Recordando el aperitivo, Allevi fue a la nevera y regresó con el aperitivo frío.

Sacó tres vasos y sirvió las bebidas. Levantando su copa en un brindis, se sirvió su contenido de una sola vez. Los demás sólo bebieron un sorbo, lo que fue una suerte para ellos. Porque, segundos después, Allevi se desplomó en el suelo. Tenía espasmos y jadeaba.

Consternados, sus compañeros dejaron las gafas. Uno de ellos llamó a la policía, que acudió rápidamente. Los tres hombres fueron llevados al hospital, donde los dos amigos fueron purgados con eméticos y se recuperaron. Allevi, sin embargo, murió.

Los médicos se apresuraron a diagnosticar la muerte por envenenamiento. Y a su debido tiempo se descubrió que el aperitivo contenía suficiente estricnina para matar a 500 hombres.

¿Quién había manipulado la botella? Las averiguaciones en los fabricantes revelaron que, aunque habían enviado algunas muestras con invitaciones, Allcvi no estaba en su lista.

Su carta seguía su fórmula habitual. Pero estaba escrita a máquina en una hoja normal, no en el papel membretado de la empresa. Además, no estaba firmada. Allevi no tenía rivales comerciales especiales. En general, era muy querido.

Y la sospecha recayó inicialmente en Renata, la afligida esposa de Allevi. Era unos 12 años más joven que su marido.

Las investigaciones revelaron que tenía varios admiradores masculinos fuera de su matrimonio: el contable de su marido, un oficial del ejército y un veterinario que había tratado el ganado lechero.

Renata, sin embargo, se había mostrado visiblemente afligida por la noticia de la repentina muerte de su marido. Respondió al interrogatorio con toda la apariencia de veracidad. Lejos de intentar desvincularse de la botella, ella misma informó a la policía de que la había llevado a la casa. También declaró, sin que nadie se lo pidiera, que fue idea suya llevar el aperitivo al despacho y colocarlo en el frigorífico para que se enfriara.

A medida que avanzaba la investigación, la policía comprobó los movimientos de sus admiradores el fatídico día en que se envió el paquete. El paquete había sido enviado desde Milán, lo que parecía eximir a dos de los sospechosos.

El contable pudo demostrar que había estado en San Remo; el oficial del ejército estaba de servicio en ese momento. Quedaba el veterinario, el Dr. Renzo Ferrari.

Ferrari, un hombre profesional y suave, había estado en Milán el día 23, renovando su licencia de veterinario. Además, la policía descubrió que dos días antes había comprado seis gramos de estricnina en una farmacia cercana a su lugar de trabajo. Este hecho no es sospechoso en sí mismo: el médico compraba a menudo esta sustancia para tratar al ganado enfermo.

Pero había pruebas más sólidas contra él. Comprobando las máquinas de escribir a las que tenía acceso, los detectives descubrieron una máquina en el ayuntamiento de Baringo.

Parecía coincidir con la mecanografía de la invitación envenenada. El Dr. Ferrari era un funcionario del gobierno local. Utilizaba el ayuntamiento en su trabajo.

Ferrari fue acusado del asesinato y el juicio causó sensación en Italia. No se trataba de un crimen pasional de sangre caliente al estilo latino. El abogado de la defensa impugnó ferozmente las pruebas forenses, y hubo problemas en torno al motivo exacto. Ferrari se había comprometido recientemente con la hija de una familia rica. ¿Por qué iba a poner en peligro su futuro?

Ferrari afirmó que su relación con Renata era puramente sexual. Dijo que estaba contento de romper la relación cuando conoció a su prometida.

. . .

Renata, vestida de negro de viuda, contó una historia diferente en la caja. Declaró que fue ella quien rompió la relación. Sucedió, dijo, cuando su marido descubrió que le había estado engañando. Ferrari se negó a aceptar la ruptura. Al principio se debilitó, pero luego tomó una decisión definitiva: "No volveré contigo".

Ya veremos", había respondido el veterinario.

El veneno, según la acusación, había sido introducido con una jeringa a través del corcho de la botella intacta. Y la última prueba condenatoria fue aportada por un representante de la empresa de bebidas. Afirmó que, aunque la empresa no había enviado ninguna botella al Sr. Allevi, sí se había enviado una -con una invitación- al Dr. Renzo Ferrari.

El 15 de mayo de 1974, un grupo de jueces declaró al acusado culpable de asesinato con premeditación. La sentencia ascendió a unos 30 años, incluyendo las sentencias consecutivas por el intento de asesinato de los dos compañeros de bebida de Allevi.

. . .

Hay que recordar que casi cualquiera -incluida Renata- podría haber probado el mortal aperitivo. Esto, si alguna vez lo fue, fue un caso de rabia embotellada.

Conclusión

Entre las alucinantes historias de furia, crimen, rabia y desconsuelo existe la inteligencia maliciosa de quienes, movidas y movidos por la pasión, han pasado a la historia (de la manera terrible, por supuesto).

Otros muchos casos se han hecho famosos alrededor del mundo. Los que has leído aquí son algunos de los más icónicos. La historia del crimen y de la pasión es tan amplia que tendríamos que hacer varios volúmenes para llegar a abarcarla toda, o al menos la mitad.

Muchos sucesos más siguen sin resolverse, mientras que otros podrían estar sucediendo en este mismo instante. Incluso… ¿estás seguro que no eres el próximo?

www.ingramcontent.com/pod-product-compliance
Lightning Source LLC
Chambersburg PA
CBHW071847070526
44583CB00016B/1581